王仲孚書法文字畫畫冊

目　錄

目 錄

作者簡介......................4

書法文字畫展照片......................6

序–賴明德副校長......................8

序–蔡宗陽院長......................9

序–康台生院長......................10

自序–王仲孚......................11

王關仕教授題字......................12

簡明勇教授題字......................13

鄭翼翔教授題字......................14

杜忠誥教授題字......................15

趙寧教授題字......................16

作品圖錄

1991-001　羊羊得意......................18

1992-002　羊羊......................18

1993-003　羊羊得意......................19

1993-004　大吉大利　萬事亨通......................19

55006　　 羊羊得意......................20

55007　　 羊羊得意......................20

1998-005　羊羊得意......................21

1992-008　羊羊得意　年年有魚......................21

1995-010　羊羊大吉大利......................22

1999-009　羊羊大吉大利......................22

1991-011　羊羊得意......................23

1992-012　吉祥......................23

1992-013　吉祥......................24

1992-014　吉祥......................24

1993-015　吉祥......................25

1995-016　大吉祥......................25

1993-017　大吉祥......................26

1995-018　吉祥......................27

1995-019　吉祥......................28

05022　　 吉祥......................28

1995-021　吉祥......................29

1995-020　吉祥......................29

1998-023　吉祥......................30

55024　　 吉祥......................30

55026　　 吉祥......................31

1992-025　吉祥......................31

1993-027　吉祥如意......................32

1999-028　吉祥如意......................32

1994-029　吉祥如意......................33

1993-030　吉祥如意......................33

1996-031　吉祥如意......................34

1995-032　吉祥如意......................34

1993-034　沙鹿......................35

2001-035　福鹿......................36

55036　　 福鹿......................36

2001-037　福鹿......................37

1998-038　福鹿......................37

1998-039　福祿吉祥　年年有魚......................38

1999-040　福祿吉祥......................38

1998-041　福祿吉祥......................39

1998-042　福祿吉祥......................39

2000-043　福祿吉祥......................40

1999-044　福祿吉祥......................40

1996-045　福祿吉祥......................41

2001-046　福祿吉祥......................41

1999-047　福祿吉祥......................42

1998-114　年年有魚......................42

1996-048　吉祥有魚......................43

1993-049　吉祥有魚......................44

1999-050　吉祥有魚　歲歲平安......................44

1996-051　吉祥有魚......................45

1998-052　吉祥有魚......................45

1998-053　吉祥有魚......................46

1998-054　吉祥有魚......................46

1999-055　吉祥有魚......................47

1999-056　吉祥有魚......................47

1999-057　吉祥有魚......................48

1999-058　吉祥有魚......................48

1999-059　吉祥有魚......................49

2000-060　吉祥有魚......................49

2000-061　吉祥有魚......................50

2000-062　吉祥有魚......................50

2000-063　吉祥有魚......................51

2000-064　吉祥有魚......................51

1994-065　吉祥有魚......................52

1999-066　吉祥有魚......................52

2001-067　吉祥有魚......................53

2001-068　吉祥有魚......................53

2001-069　吉祥有魚......................54

1998-070　吉祥有魚......................54

1999-071	吉祥有魚 歲歲平安	55
2000-072	吉祥有魚	55
1992-073	大吉大利 步步高昇	56
1992-074	年年有魚 步步高昇	57
1992-075	年年有魚 步步高昇	57
1992-076	吉利猴 步步高昇	58
1992-077	萬事大吉	58
1992-078	吉利猴 萬事興	59
1992-079	吉利猴 年年有魚	59
1992-080	大有魚 步步高昇	60
1992-081	年年有魚	61
1992-082	壬申吉猴	61
1992-083	魚	62
1993-085	年年有魚	63
1993-084	癸酉年大有魚	63
1993-086	年年有魚	64
1993-087	年年有魚	64
1993-089	年年有魚 歲歲平安	65
1993-088	年年有魚	65
1994-090	年年有魚	66
1994-091	大魚三尾 好運年年	66
1994-093	大魚年年有 好運歲歲來	67
1993-092	年年有魚 歲歲平安	67
1994-095	年年有魚 歲歲平安	68
1994-094	大魚年年有 好運時時來	68
1996-096	大魚年年有	69
1996-097	年年有魚	69
1998-098	大魚年年有 好運時時來	70
1991-001	年年有魚	70
1998-100	年年有魚	71
1998-101	年年有魚	71
1998-102	年年有魚	72
2000-103	年年有魚	72
1998-104	年年有魚	73
1999-105	年年有魚	73
2000-106	年年有魚	74
1998-107	年年有魚	74
2001-109	年年有魚	75
2001-108	年年有魚	75
2000-110	年年有魚	76
2000-109	年年有魚	76
55111	年年有魚 歲歲平安	77
1992-112	年年有魚	77
1991-114	年年有魚	78
55113	年年有魚	78
1998-115	年年有魚	79
2001-116	吉慶有魚	80
2001-117	吉慶有魚	80
2001-118	吉慶有魚	81
2001-119	吉慶有魚	81
1993-120	雙魚呈祥	82
2000-121	龍飛鳳舞	83
2000-122	龍飛鳳舞	84
2000-123	龍飛鳳舞	84
2000-124	龍飛鳳舞	85
2000-125	龍飛鳳舞	85
2000-126	龍飛鳳舞	86
2000-127	龍飛鳳舞	86
2000-128	飛龍在天	87
2000-129	飛龍在天	88
2000-130	飛龍在天	88
2000-131	飛龍在天	89
2000-132	飛龍在天	89
2001-134	人面魚	90
1995-133	豬	90
1992-135	趙甌北詩句	91
1993-137	李白詩句	92
1995-136	積善之家 慶有魚	92
1993-138	癸酉雞鳴 大吉大利	93
1994-139	狗來富	94
2000-140	天若有情天亦老，人間正道是滄桑	95
2001-141	積善之家 慶有魚	96
2001-142	有子萬事足	97
2000-143	若農服田力穡乃亦有秋《尚書·盤庚篇》	98
55-144	鵬程萬里	99
2001-146	福天	100
2001-145	福天	100
55-147	多魚多魚	101
1998-148	吉祥有魚	102
1999-149	利簋銘文	103
1995-150	老驥伏櫪	104
	王仲孚收藏名家篆刻一覽	105

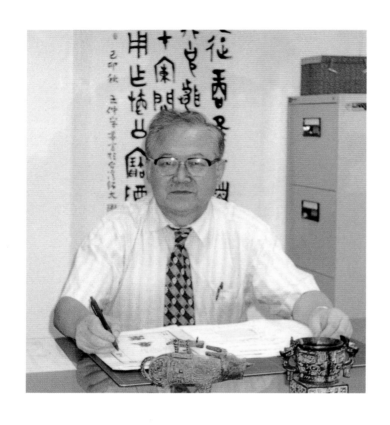

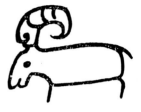

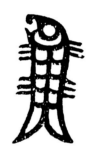

王仲孚　簡歷

1936年生

台中師範、台灣師大史地系畢業

台灣師大歷史研究所碩士

小學教師、高中歷史教師

台灣師大歷史系所教授、系所主任、文學院長，
中國文化大學史學系教授。

於台灣師大歷史系所、文化大學史研所、東吳大
學歷史系、輔大夜歷史系擔任中國上古史課程近
三十年，所著《中國上古史專題研究》（五南圖
書出版公司）一書，榮獲八十六年中山學術獎。
另有《歷史教育論集》收錄相關論文40餘篇（大
同資訊圖書出版社，修訂二版）

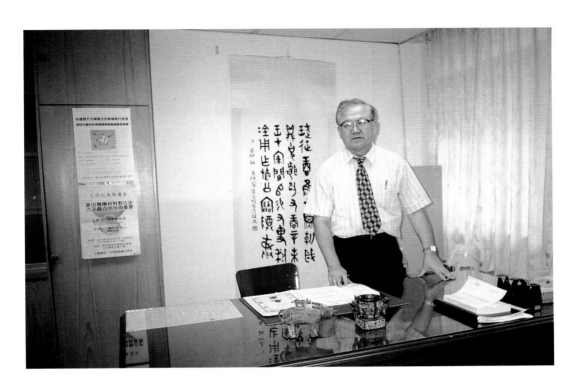

王仲孚近影（一）

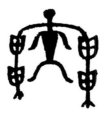

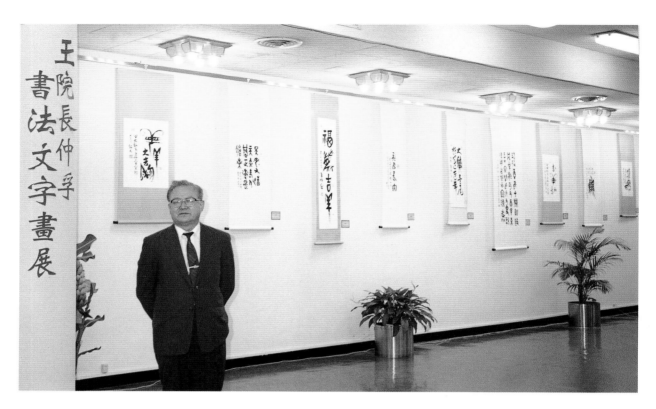

書法文字畫展　場景之一　王仲孚教授攝於展覽會場。

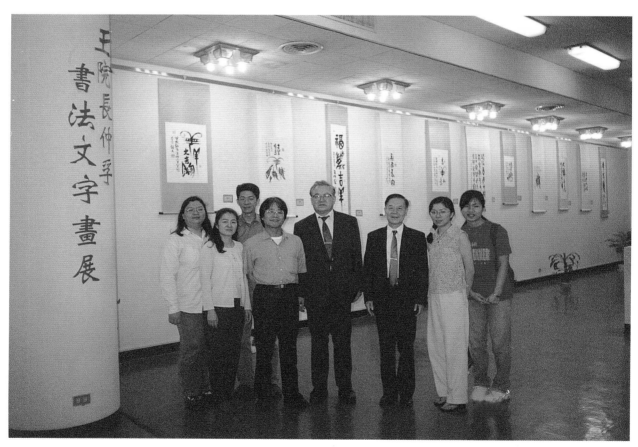

書法文字畫展　場景之二　左起研究生袁筱梅、石蘭梅、王瑞傑、台灣師大國文系季旭昇教授、王仲孚教授、北京訪問學人李先登先生及研究生謝美珠、朴溶喆。

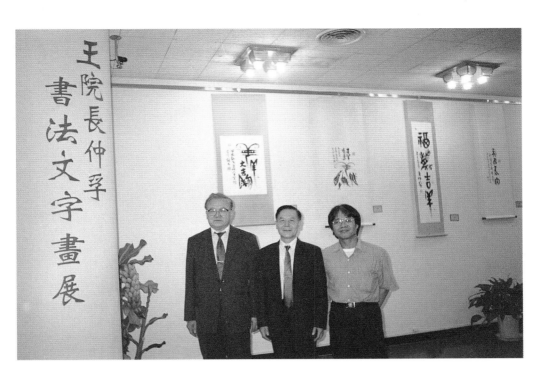

書法文字畫展　場景之三　王仲孚教授（左）與北京訪問學人李先登
先生（中）、台灣師大國文系季旭昇教授（右）合影於展覽會場。

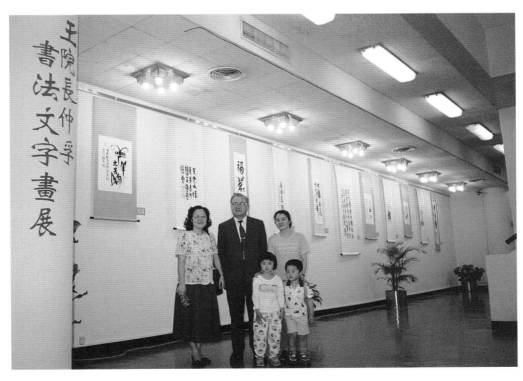

書法文字畫展　場景之四　王仲孚教授（中）與夫人丘玉蘭女士（左）
、博士研究生石蘭梅（左）及陳琬菁、陳翔竣小朋友合影於展覽會場。

序

　　甲骨文是當前我們所知道中國最早的文字，是距今四千七百多年前殷商時期所使用的文字。雖然我們發現它到現在只有一百多年的時間，但是它的出現，不但對殷商古史的研究具有極大的幫助，而且對書法藝術的影響也頗為深遠。由於漢字的原始是象形文字，和實際的圖像相去不遠，甲骨文字尤其是如此。所以每當人們閱讀的一個個甲骨文字之際，和在欣賞一幅幅線條簡明的圖畫沒有兩樣，總覺賞心悅目，發懷古之幽思。

　　我在大學求學時代，追隨文字學大師魯實先教授研習漢字結構時，對甲骨文字稍有涉獵。其後，在大學講授文字學課程，更必須時常鑽研。接觸愈多，對甲骨文字更倍感興趣和喜愛。看到以甲骨文字寫成的書法作品時，總會仔細觀賞，喜悅無比。也因此和擅長書寫甲骨書法的王教授仲孚兄結了一份深厚的善緣。

　　王教授是台灣師大歷史學系的資深教授，也是精通中國上古史的專家學者，為人耿直，學養精湛，談吐風趣，教學認真，深受同仁和學生所敬仰。而且具有行政長才，歷任歷史學系主任和文學院院長，對學術發展和推動多所擘劃倡導，成果斐然。他的書法寫得雄渾駿邁，氣勢磅礡，甲骨文字尤具超拔獨到的風神，備受文人雅士所激賞，向他求賜墨寶的人經常絡繹於途。

　　我們可以發現，在王教授的眾多甲骨書法作品中，他最常書寫的是象形文的羊、魚二字。而且喜歡在羊字上增益了一對炯炯的眼睛，使它流露出充滿關愛的眼神；所書寫的魚字，則顯現出強勁有力的尾巴，展露了力爭上游的雄姿。這二字都煥發出栩栩如生的神情，簡直比真實的羊、魚還要生動。我想王教授特別鍾愛這二字，一定寓有深刻的意蘊。因為羊者祥也，得羊則能兼得善和美的氣質；魚者餘也，得魚則凡事無虞匱乏，綽有餘裕。二者合併為句，則是「吉羊有魚」（吉祥有餘），是對人的至大祝福，二者合併為字，則成一「鮮」字，蘊含鮮明的風格和鮮有的意境。作品中也常書有「猴」與「鹿」的甲骨文，漢字的特色，具有諧音作用，猴者侯也，表示崇高的爵位職級，鹿則祿也，表示豐富的薪資收入，這都是人們最渴望期盼的事物。求墨寶者能獲得其中一字，已經是無比福份，若是四字兼得，必將幸運終生。

　　王教授對向他求賜墨寶的人，一向慷慨大方，毫不吝惜，積之有年，軸幅漸多，現經友人建議，將平素所書寫的甲骨墨寶編輯成冊，印成出版，讀者不但可以觀賞；且可藉以臨摹學習，更可從字句的寓意中獲得祝福，真是一舉三得，難能可貴，既是弘揚中華文化的儒林盛事，也是獻給社會人群的極佳禮物。茲當專輯出版之際，謹抒至誠，草擬數語，以為祝賀。

甲骨墨寶，遒麗雄奇
吉羊有魚，猴鹿可期

賴明德

序於國立台灣師大
西元2001年11月12日

序

　　王仲孚教授係國立台灣師範大學歷史系教授，曾任文學院院長、歷史系系主任、歷史研究所所長、中國歷史學會副理事長，專攻上古史，對學術界貢獻良多。尤其是擅長甲骨文、書法，特別喜愛書寫「羊」、「魚」二字。「羊」爲吉祥之「祥」的初文，象徵吉祥如意。「魚」係「年年有餘」之「餘」的諧音，於修辭學爲雙關兼飛白。茲值春節即將屆臨，王教授書寫「羊」、「魚」二字，筆者藉此二字預祝大家「吉祥如意」、「年年有餘」。

　　王教授看似儼然，但「即之也溫」，其爲人誠懇，處事耿直，治學甚勤。當今研究上古史學者，鳳毛麟角。王教授對上古史研究之貢獻，既深且鉅。此外，王教授書法最大的成就，是甲骨文，而非一般書法家以隸書、草書、楷書爲主。陳其銓《中國字體源流》云：「中國最古文字，如果根據可靠資料考之，當爲近世出土的殷墟甲骨文字。因爲在此之前，所謂『結繩』、『書契』、『八卦』、『繪畫』等，只是一種簡單的圖像標誌，尙未構成意符的文字。」甲骨文字是中國最早發現的文字，我們了解文字的意義，須先從甲骨文字入手。王教授既研究甲骨文字，又研究上古史，誠屬文史一家之典範。特爲之序，以資存念。

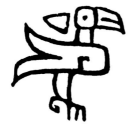

蔡崇名

於國立台灣師範大學文學院院長室
2002年1月15日

序

　　漢字的起源與演變，經過了漫長的歷程，相傳黃帝時代的史官倉頡創造了文字，近代學者則根據考古發掘的地下材料，如大汶口、半坡、二里頭出土的陶文，加以考察，爲探索漢字的起源提供了具體的地下材料。

　　依照文字演進的規律，先有圖畫，後有文字，而介於兩者之間的，學者稱之爲「圖畫文字」，例如容庚《金文編》即收錄了許多圖畫文字。

　　在商周的圖畫文字之中，有些是動物圖像，他們雖然構圖簡易，但卻表現得生動逼眞，古樸可愛，從藝術的角度觀察，是一項難能可貴的創作。

　　本校前文學院長王仲孚教授，在歷史系任教中國上古史近三十年，於商周古文字頗多涉獵，近年來將圖畫文字與書法結合，推出畫作，令人耳目一新，曾於民國八十九年春在師大圖書總館大廳展出多幅，普受讚賞。今特選出其多年作品一百五十幅，集成【書法文字畫冊】，綜觀所收作品，莫不風格獨具，極富巧思，爲書法與文字畫的結合，開創了新的境界，相信此一畫冊的問世，或可爲書法藝術開闢新的園地，在此謹作無限的期許與祝福，是爲序。

康台生

序於國立台灣師大藝術學院
2001年10月

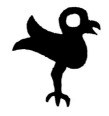

自 序

　　我對書畫發生興趣，源於四十多年前在台中師範求學的時代。那時的學生，每週必須交出大小楷一篇，由國文老師批改，起初我臨摹柳公權，國文老師戴鎬東先生建議，改摹師大國文系教授宗孝忱先生的楷書。繪畫方面，國畫大師呂佛庭先生教我們山水，從基礎畫起，徐人眾先生教齊白石寫意的一派，林之助先生則教東洋畫，我雖對書畫統統有興趣，可惜未能持之以恆繼續努力，以致「學書不成，學劍亦不成」。

　　師範畢業，擔任小學教師三年後，保送師大史地系，修習的是另外的學術領域，雖然沒有繼續學習書畫的機會和環境，但對於書畫卻一直未能忘情。

　　近三十年來，在師大歷史系承乏擔任中國上古史，由於教學和研究的需要，經常接觸到一些商周時代的甲文和金文，在這些古文字中保留了許多「圖畫文字」，其中所繪各種動物，構圖簡樸，栩栩如生，不僅是寶貴的學術資料，也是極有價值的古代藝術，想起多年前呂佛庭老師提倡的「文字畫」，頓時產生了濃厚的興趣，於是利用餘暇加以臨摹，並選擇相關文字和圖畫，組成吉祥語，如年年有魚，吉祥如意，福鹿（祿）吉祥，吉利猴步步高昇等等，戲稱「名家字畫」，偶贈同學，不意很受到歡迎，使我頗感意外。記得有一年暑假，《歷史月刊》來師大，向暑期進修班歷史教師推銷，我因與月刊編者為舊識，為了協助推銷，普及歷史知識　便宣佈凡訂閱一年者，即贈「名家字畫」一張，走廊竟排起長龍，既為訂閱，兼為索取「名家字畫」。近年來學校同仁及社會人士，對我的塗鴉頗感興趣而索取者日多，前年師大圖書館梁恆正館長，特為我的畫作在大廳辦了一個簡單的「王院長書法文字畫展」，參觀者頗多嘉許，使我深受鼓勵，受寵若驚。

　　中國的書畫藝術，由來久矣，商周時代的古文字，已有極高的藝術成就，可惜那些書法家未能留名，漢魏隋唐以後，偉大的書法家、畫家輩出，他們的造詣多非後人所能企及十一，所以想要在這一園地裡嶄露頭角，真是難如登天。不過，藝術作品，貴在有創意，能夠展現生命力，而最忌「匠氣」。但是，要讓作品具有創意及生命力，又是談何容易。我自己度德量力，當然知道這是一個遙遠的目標，即使要全力以赴，只恐怕是奢想了。

　　我清楚地了解，自己這些「作品」在中國書畫藝術的殿堂裡，是擺不進去的，現在毅然出版這本畫冊，實由於得到本校副校長賴明德博士的一再鼓勵，自己也想把十餘年的辛苦，累積的些微成果，留下一點紀念，古人不云乎「家有敝帚，享之千金」，這本畫冊能為自己塗鴉的歷程留下一鱗半爪的記錄，也未嘗不是一件有意義的事。

　　不過，每幅畫作上的印鑑，都是甚富藝術造詣的作品，這些都是好友的餽贈，他們的一刀一筆，不僅展現了藝術的才華，更涵蘊著珍貴的友誼，謹將這些印鑑及作者大名附於畫冊，以供欣賞。

　　在這本畫冊即將付梓之時，承蒙賴明德副校長、文學院蔡宗陽院長暨藝術學院康台生院長賜序，王關仕教授、杜忠誥教授、簡明勇教授、鄭翼翔教授惠贈題詞、趙寧教授題贈詩畫，他們才是真正的當代名家，一時碩彥，肯為我這本拙陋的畫冊賜序題詞，為畫冊增光，完全出於鼓勵的意義，在此謹誌最深摯的感謝，而這些溢美之詞，使我愧不敢當。我應該鼓起餘勇，再求寸進才是。

王仲孚

序於台灣師大歷史系

2001年10月21日

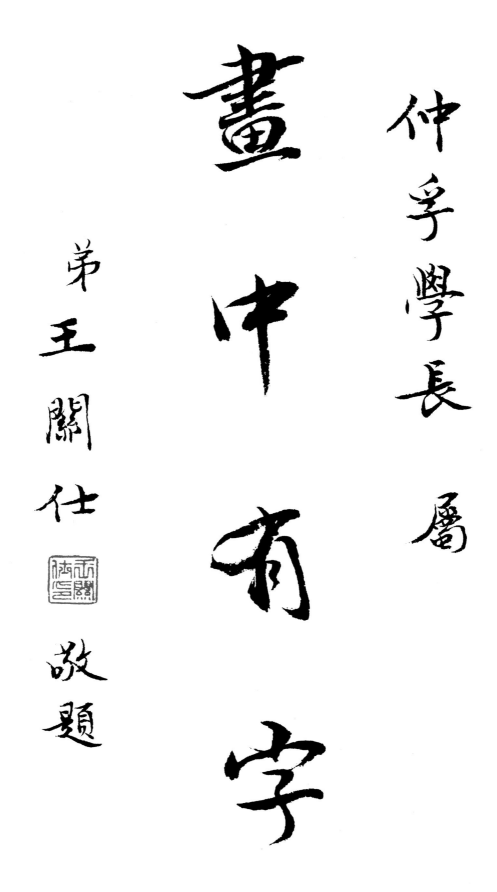

畫中有字

仲子學長屬

弟王關仕 敬題

（一）王關仕教授題辭

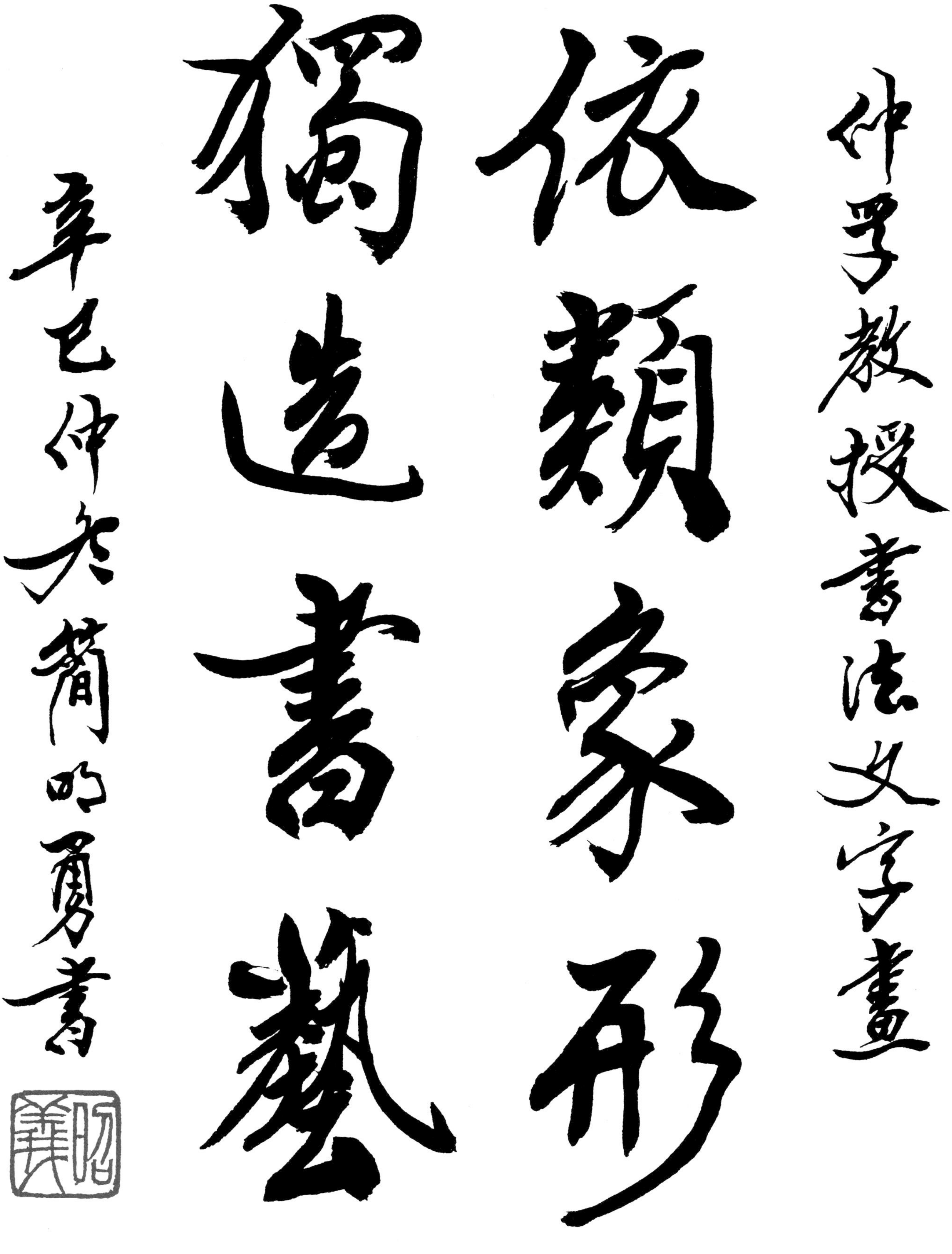

仲罕教授書法文字畫

依類象形

獨造書藝

辛巳仲夏簡明勇書

（二）簡明勇教授題辭

13

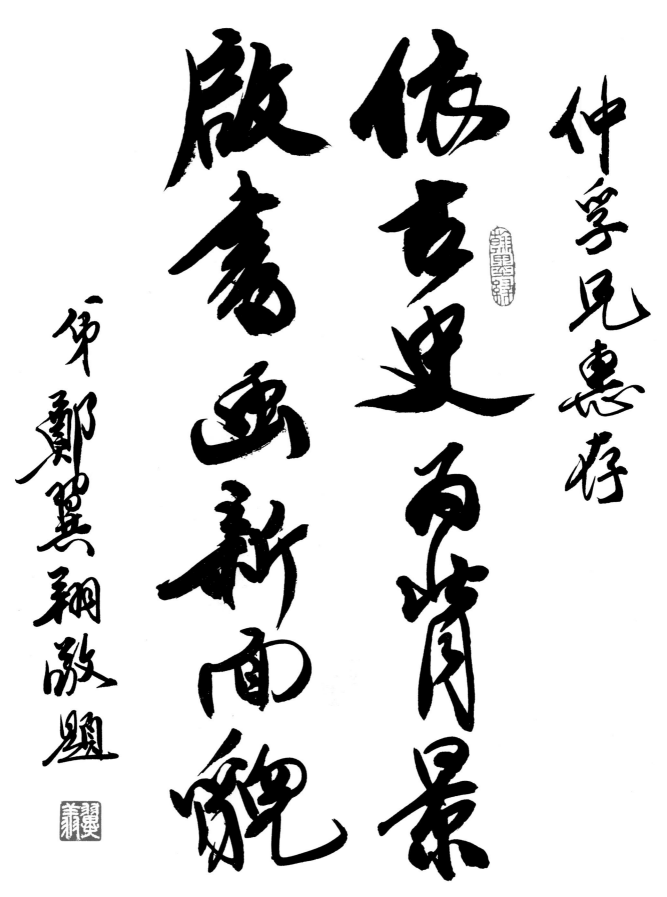

仲孚兄惠存

依玄史而增景
啟書畫新面貌

弟鄭翼翔敬題

（三）鄭翼翔教授題辭

14

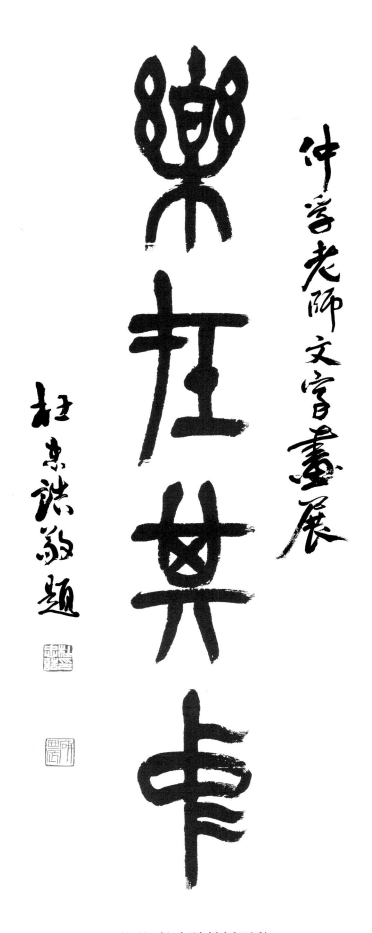

仲吾老師文官畫展

樂在其中

杜東誥翁題

（四）杜忠誥教授題辭

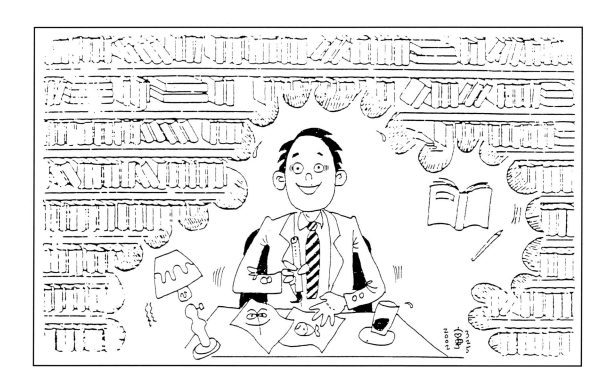

傳道授業解惑忙
善緣好運福澤長
笑傲江湖等閒事
書海遣懷有魚羊

——仲公新書出爐
茶房趙寧詩畫
敬賀壬午年春

（五）趙寧教授題詩畫

作 品

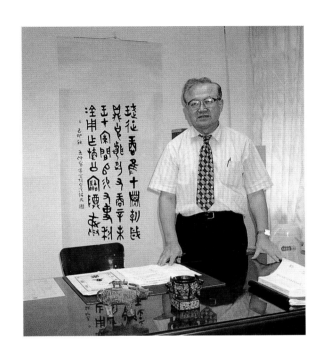

王仲孚近影（二）
背後爲摹寫之利簋銘文
（釋文參本畫冊第103頁）

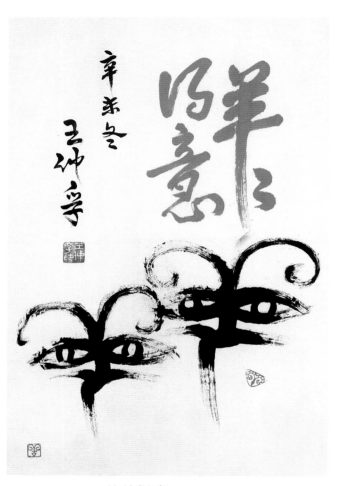

1991-001　　　羊羊得意　　　47×32cm

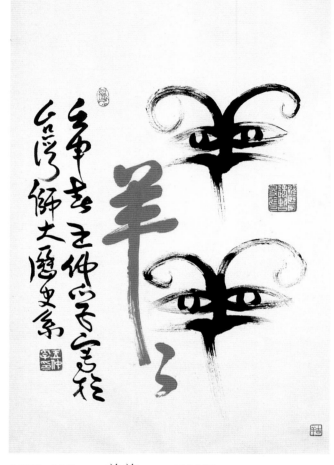

1992-002　　　羊羊　　　48×31cm

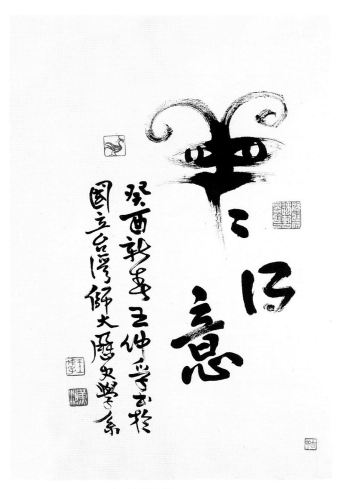

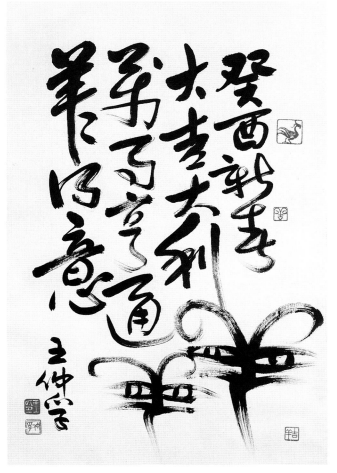

1993-003　　羊羊得意　　51×34cm　　　　1993-004　　大吉大利 萬事亨通　　47×32cm

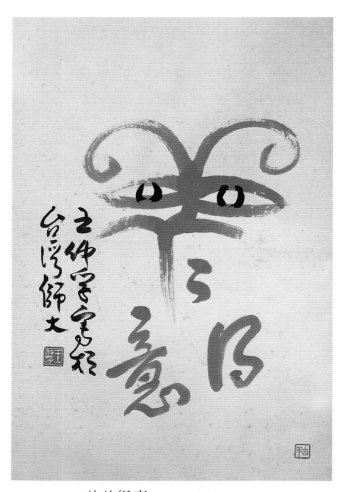

55006　　　羊羊得意　　　49×31cm

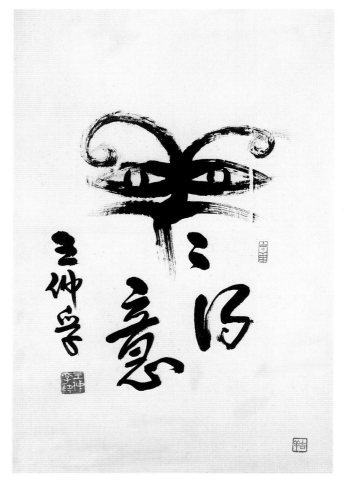

55007　　　羊羊得意　　　49×32cm

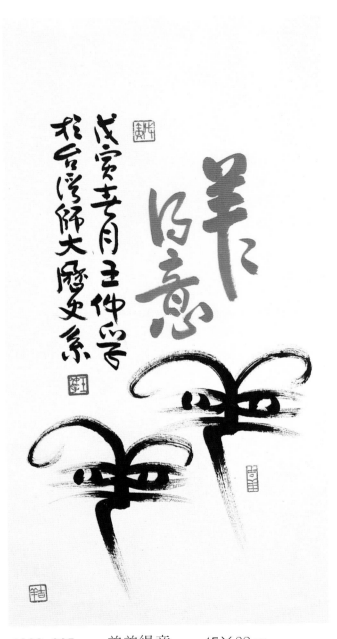

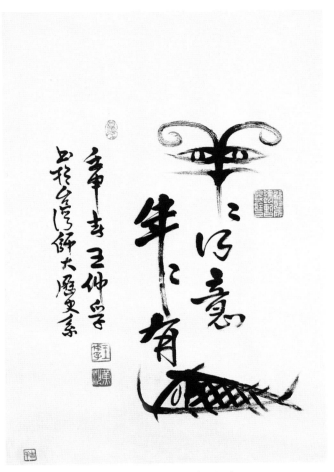

1998-005　　　　羊羊得意　　　47×32cm

1992-008　　　　羊羊得意　年年有魚　　　47×32cm

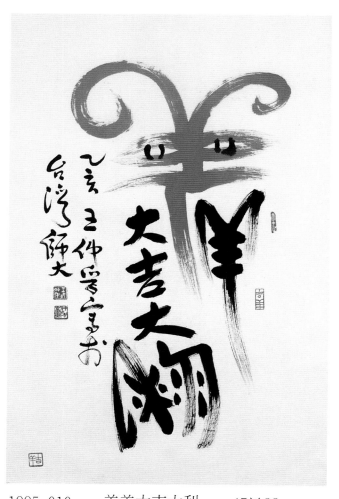

1995-010　　　羊羊大吉大利　　　47×32cm

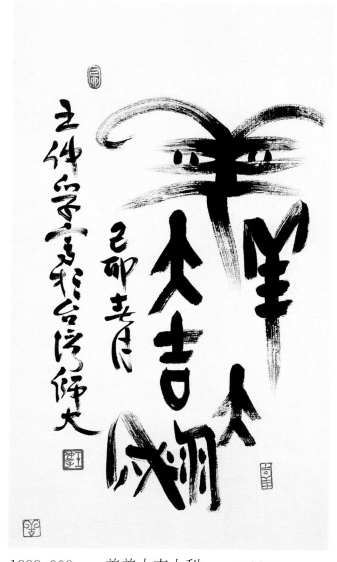

1999-009　　　羊羊大吉大利　　　51×26cm

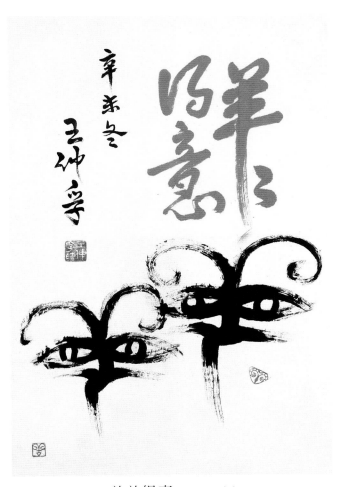

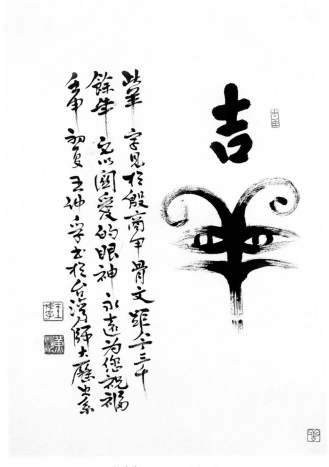

1991-011　　　羊羊得意　　　48×35cm　　　　　　1992-012　　　吉祥　　　53×36cm

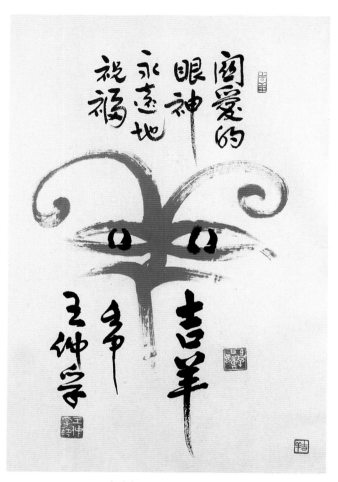

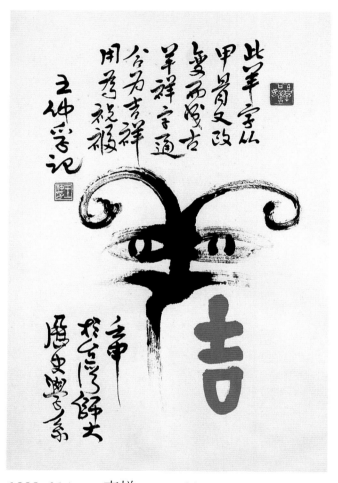

1992-013　　吉祥　　46×33cm

1992-014　　吉祥　　48×32cm

24

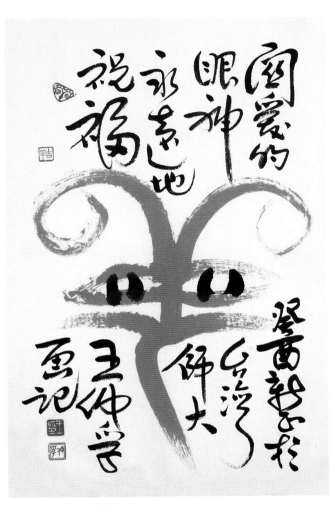

1993-015　　吉祥　　45×29cm

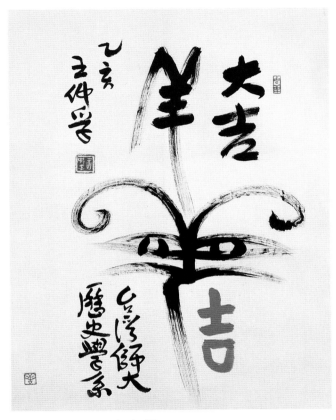

1995-016　　大吉祥　　43×32cm

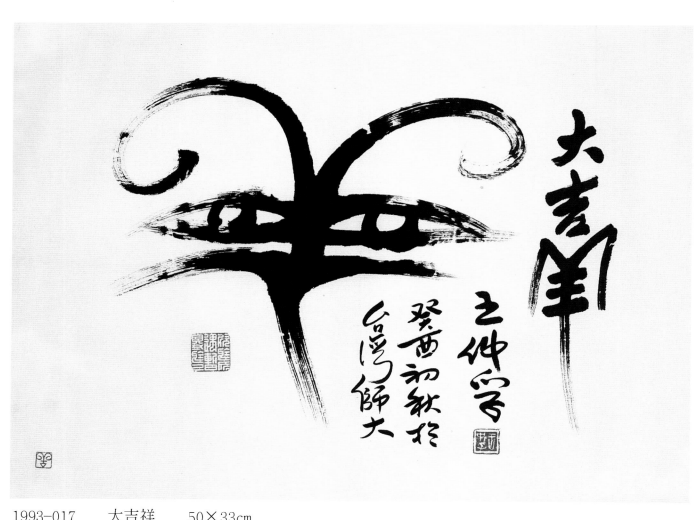

1993-017　　大吉祥　　　50×33cm

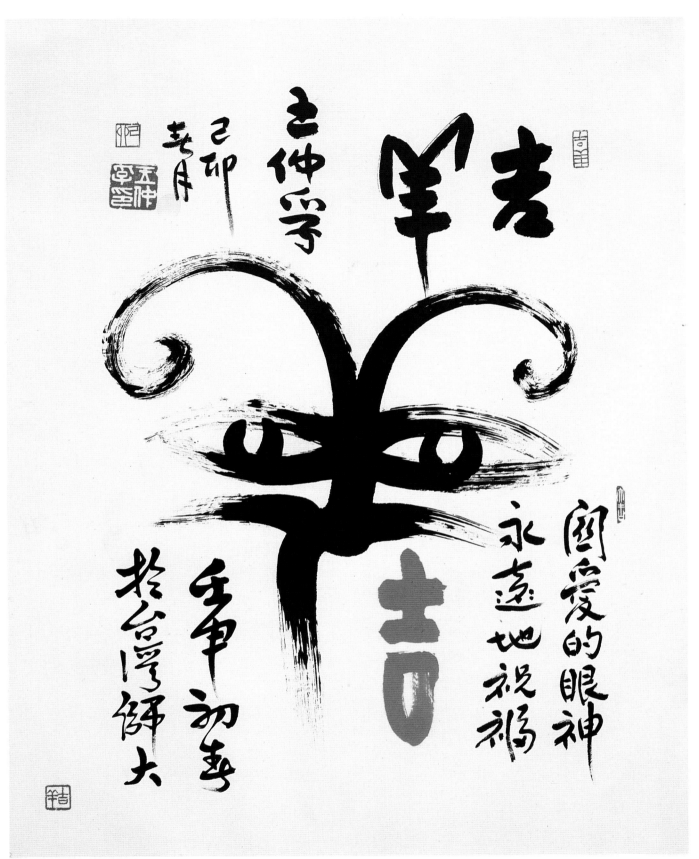

1995-018　　吉祥　　47×32cm

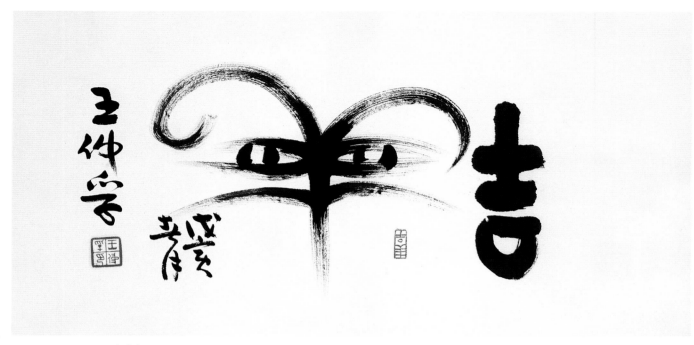

1995-019　　吉祥　　26×52cm

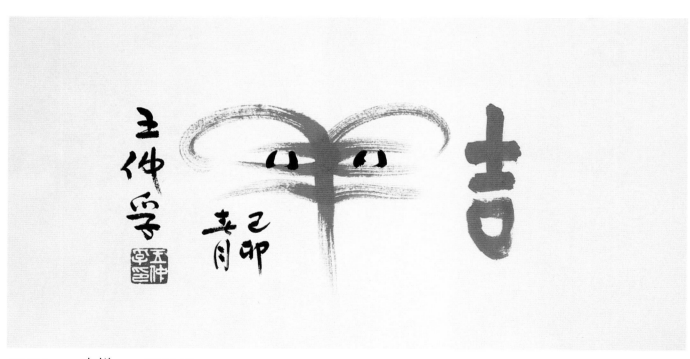

05022　　吉祥　　32×47cm

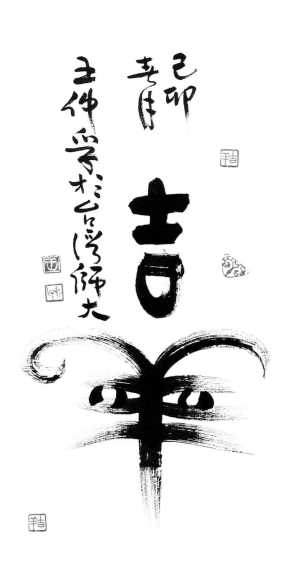

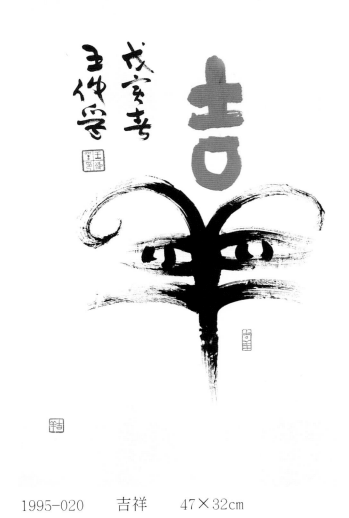

1995-020　　吉祥　　47×32cm

1995-021　　吉祥　　47×32cm

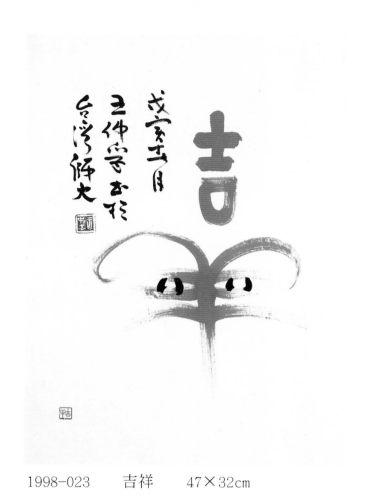

1998-023　　吉祥　　47×32cm

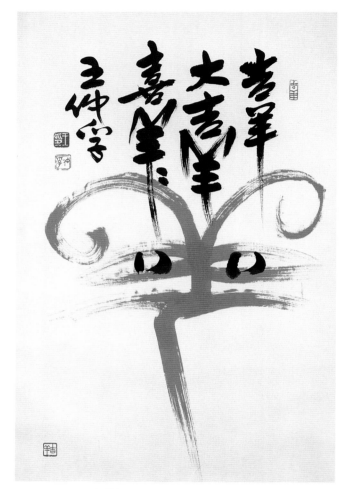

55024　　吉祥　　47×32cm

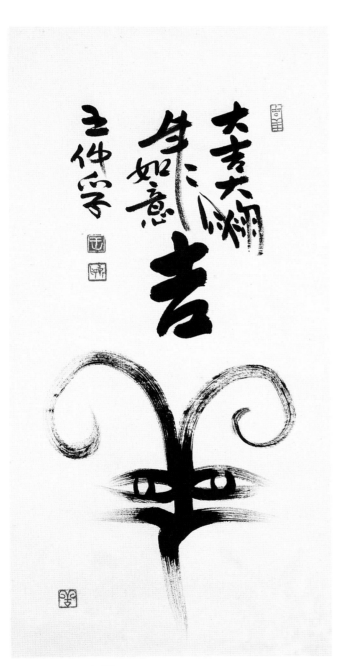

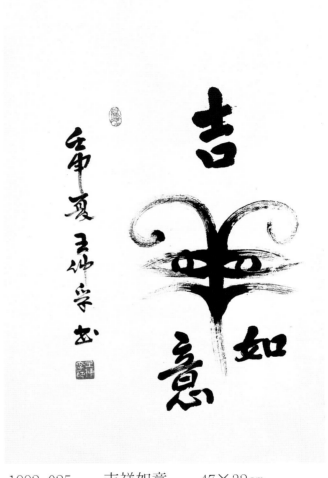

1992-025　　吉祥如意　　47×32㎝

55026　　　吉祥　　　47×32㎝

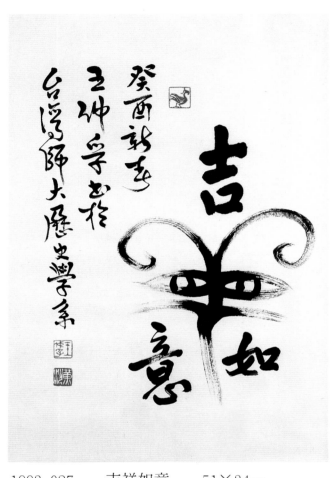

1993-027　　　吉祥如意　　　51×34cm

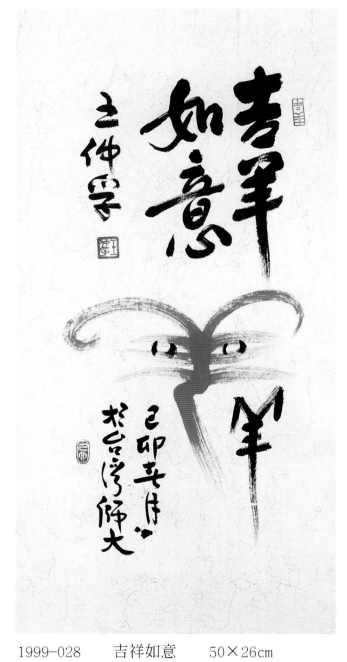

1999-028　　　吉祥如意　　　50×26cm

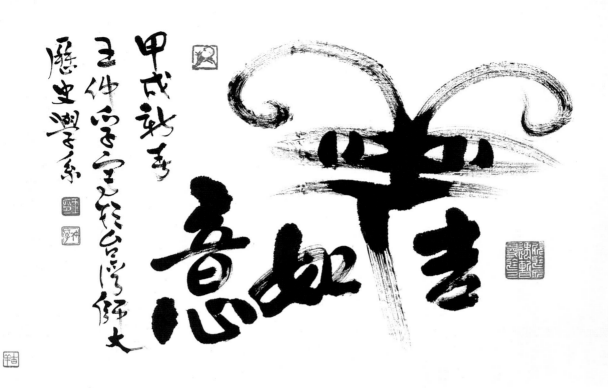

1994-029　　　吉祥如意　　　32×47cm

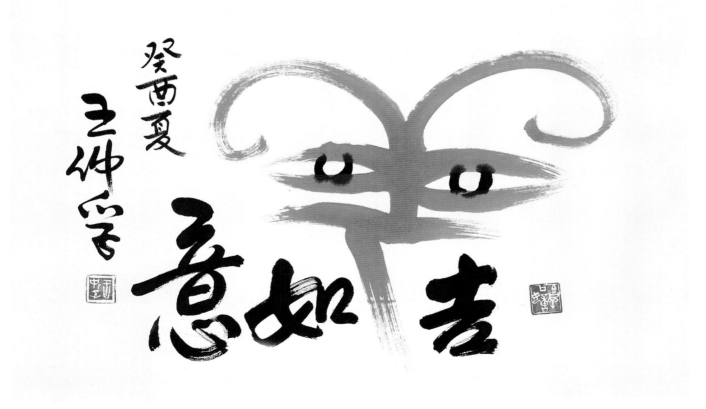

1993-030　　　吉祥如意　　　32×47cm

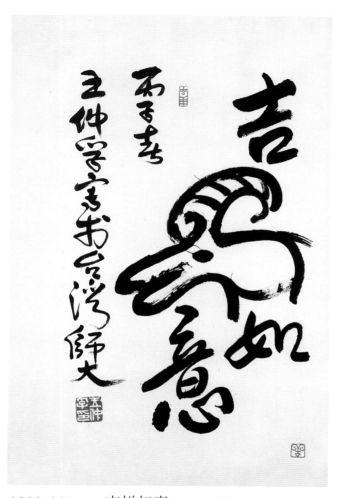

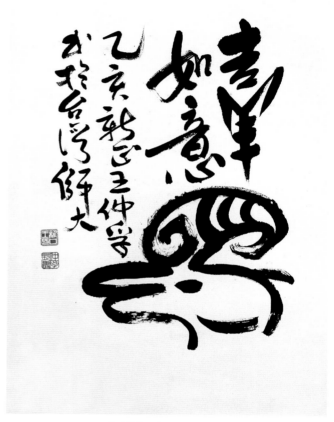

1996-031　　　吉祥如意　　　49×32cm

1995-032　　　吉祥如意　　　49×32cm

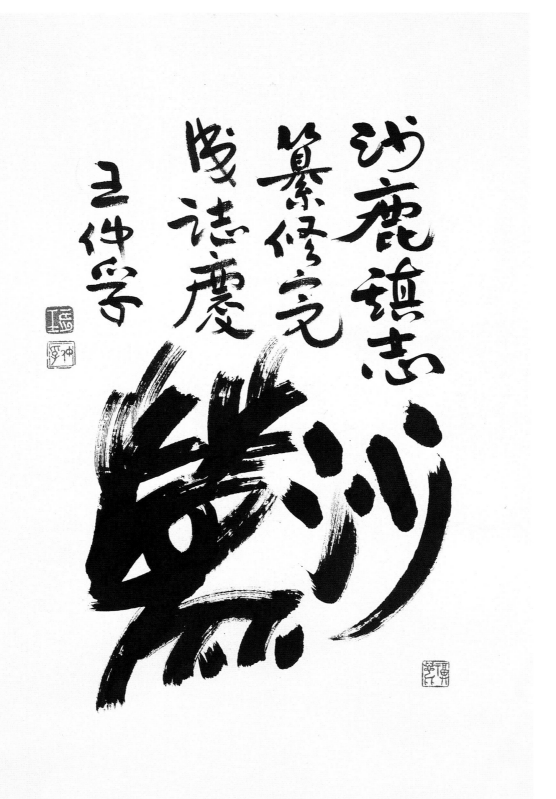

沙鹿鎮志纂修完成誌慶　王仲孚

1993-034　　沙鹿　　52×33cm

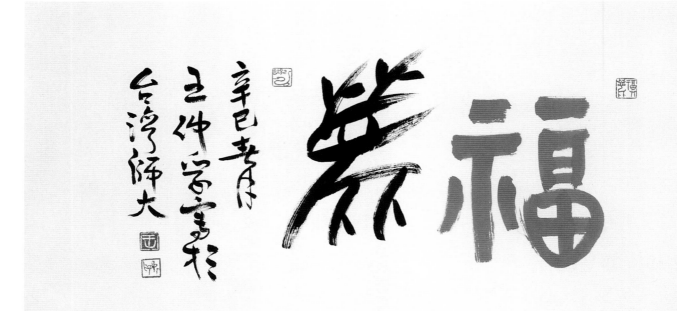

2001-035　　　福鹿　　　32×47cm

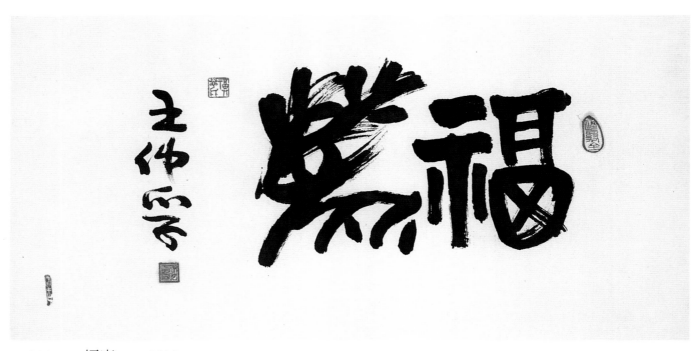

55036　　　福鹿　　　32×47cm

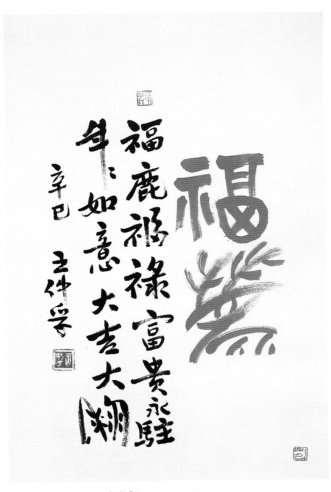

2001-037　　　福鹿　　　52×34cm

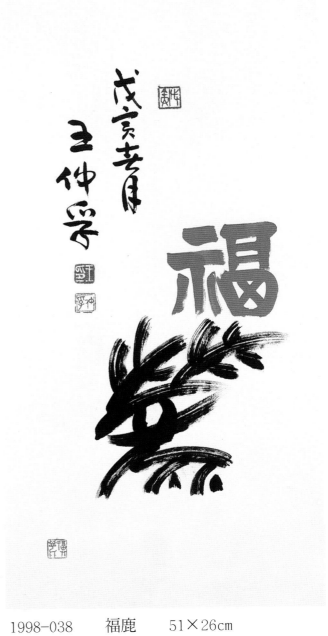

1998-038　　　福鹿　　　51×26cm

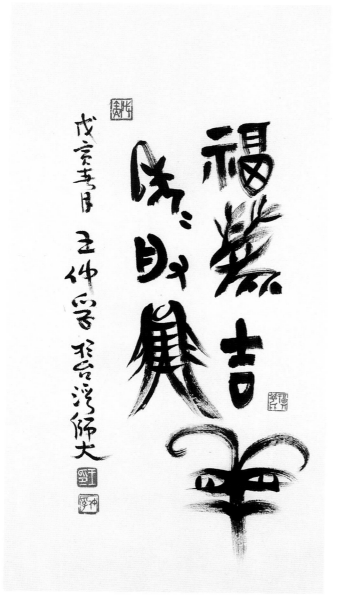

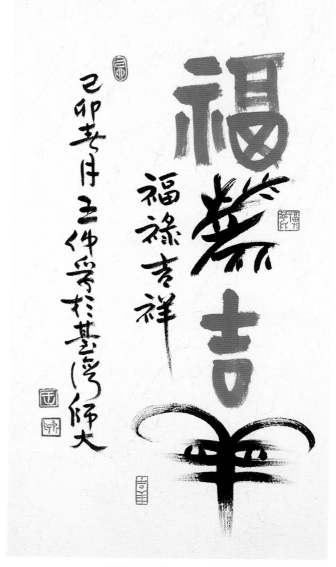

1998-039　　福祿吉祥 年年有魚　47×32cm　　1999-040　　福祿吉祥　47×32cm

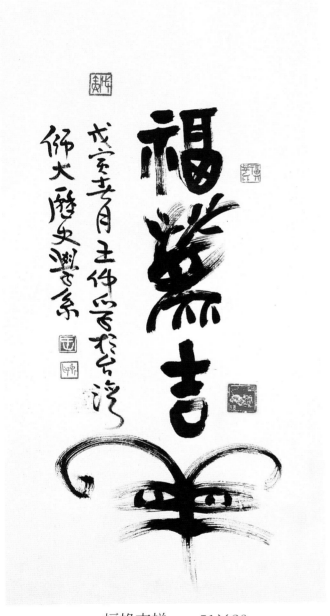

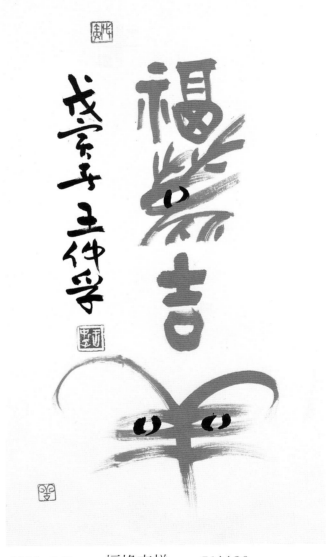

1998-041　　　福祿吉祥　　　51×26cm 　　　　　1998-042　　　福祿吉祥　　　51×26cm

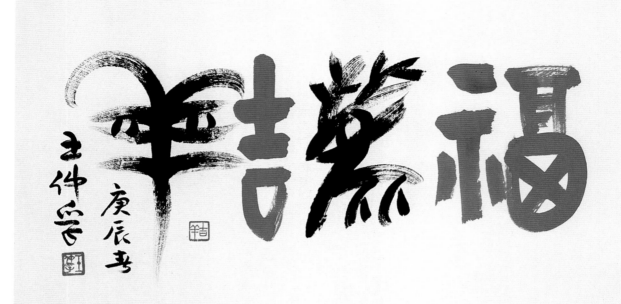

2000-043　　福祿吉祥　　32×47cm

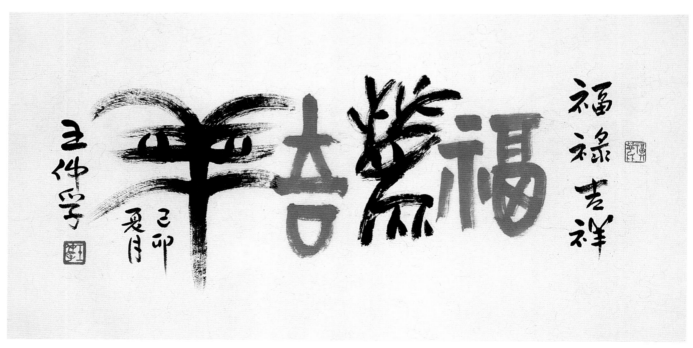

1999-044　　福祿吉祥　　32×47cm

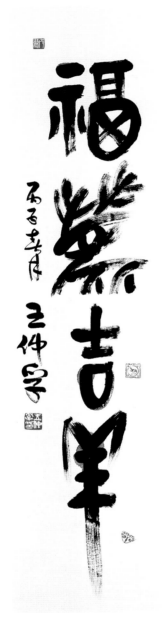

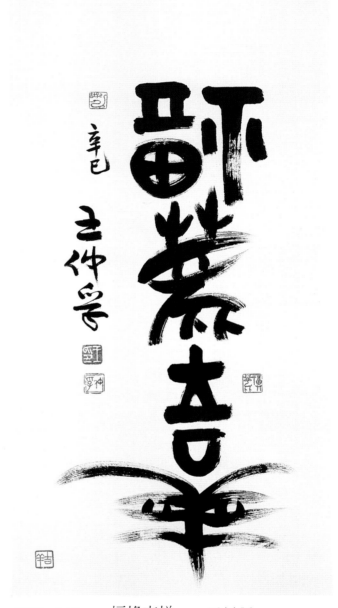

1996-045　　　福祿吉祥
47×32cm

2001-046　　　福祿吉祥　　　50×26cm

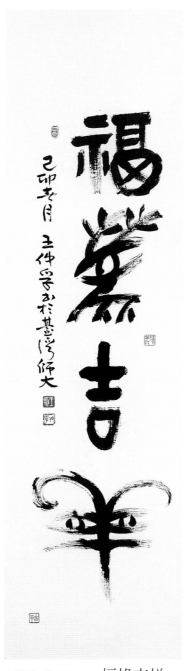

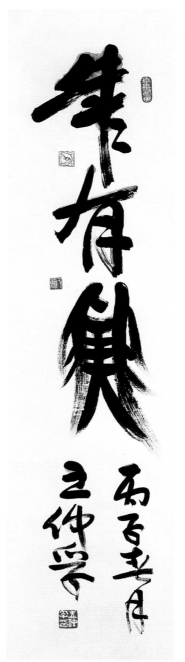

1999-047　　福祿吉祥
47×32cm

1998-114　　年年有魚
133×33cm

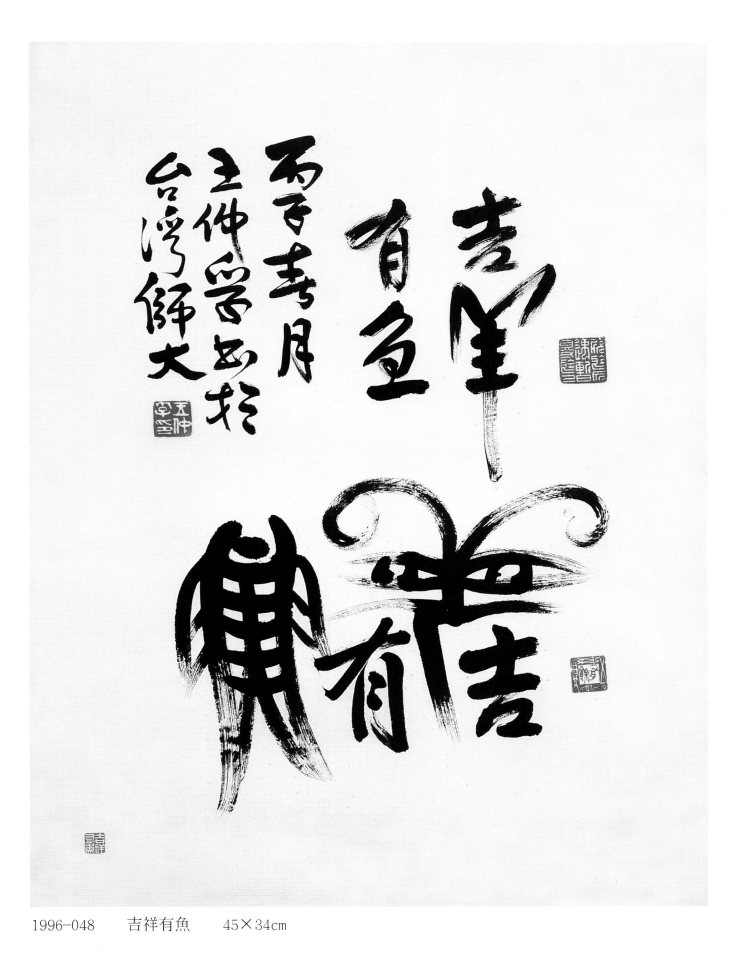

1996-048　　吉祥有魚　　45×34cm

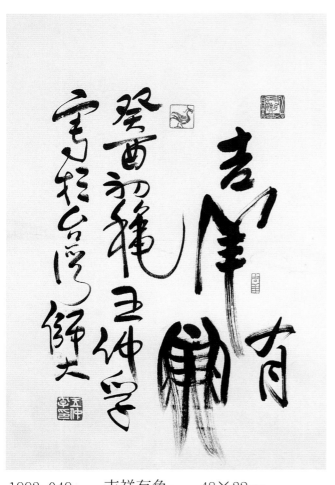

1993-049　　　吉祥有魚　　　48×32㎝

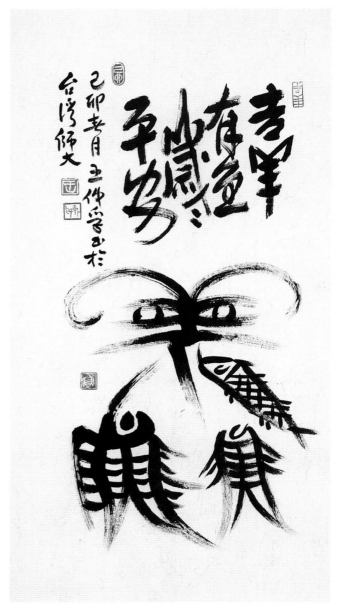

1999-050　　　吉祥有魚 歲歲平安　　　52×26㎝

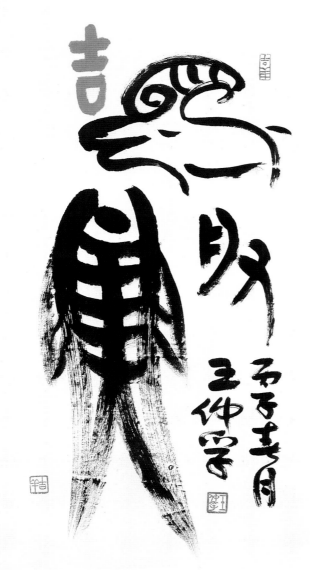

1996-051　　　吉祥有魚　　　47×32㎝

1998-052　　　吉祥有魚　　　51×26㎝

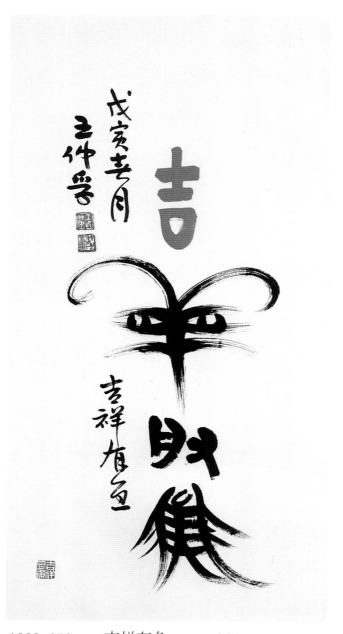

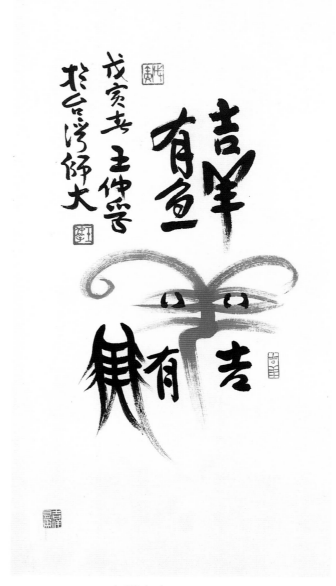

1998-053　　吉祥有魚　　51×26cm

1998-054　　吉祥有魚　　51×25cm

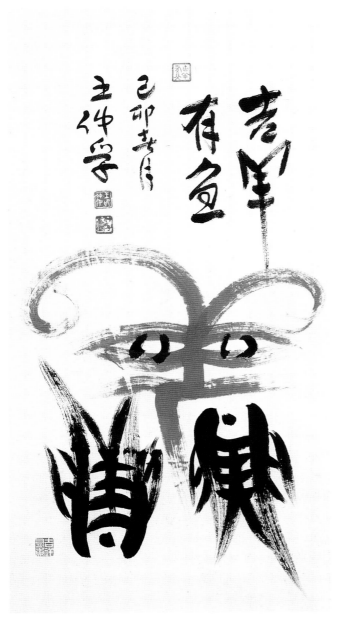

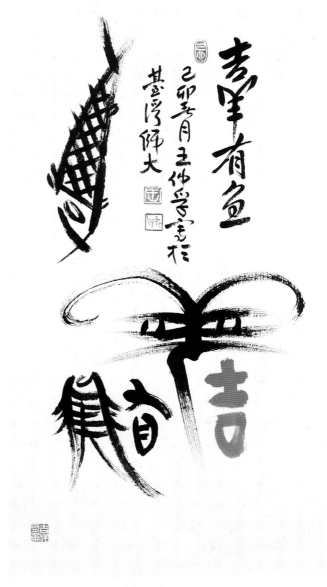

1999-055　　　吉祥有魚　　　51×26㎝　　　　　1999-056　　　吉祥有魚　　　52×27㎝

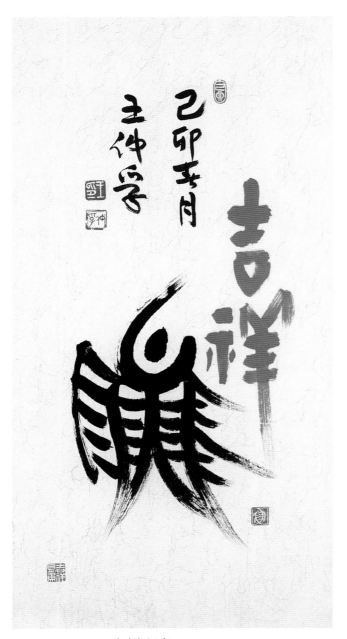

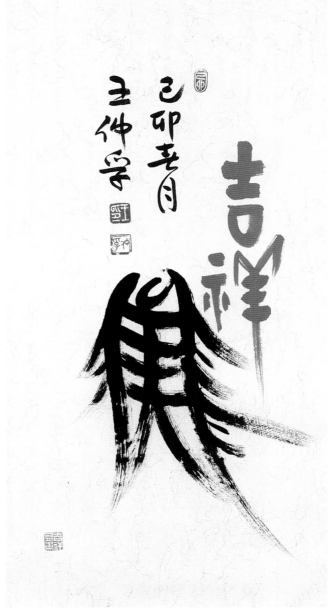

1999-057　　吉祥有魚　　50×26cm

1999-058　　吉祥有魚　　54×28cm

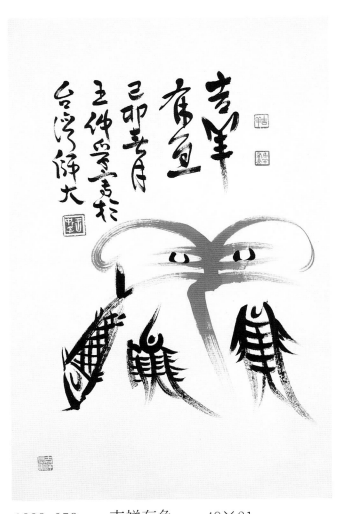

1999-059　　　吉祥有魚　　　49×31cm

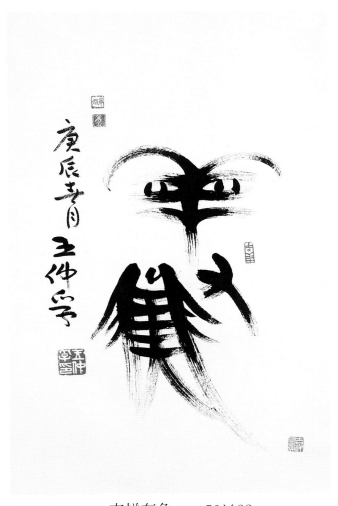

2000-060　　　吉祥有魚　　　50×32cm

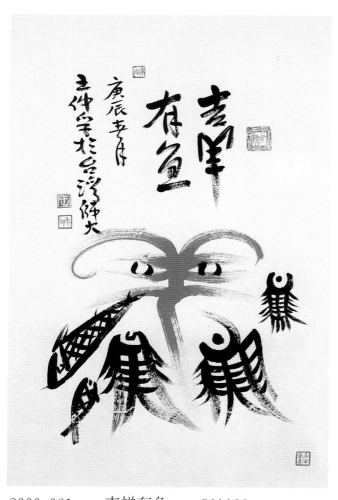

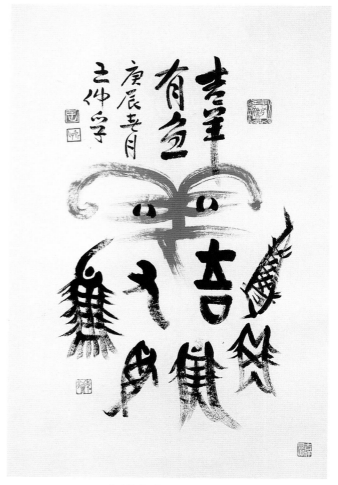

2000-061　　　吉祥有魚　　　50×33cm

2000-062　　　吉祥有魚　　　50×32cm

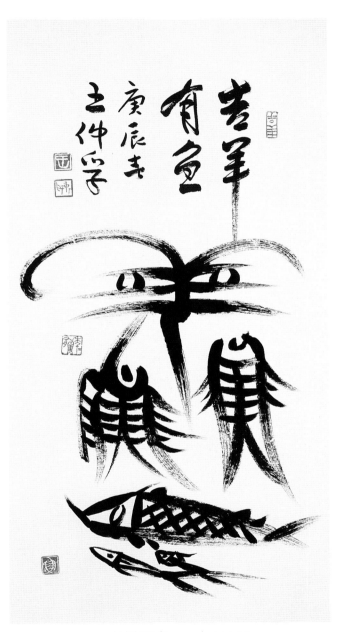

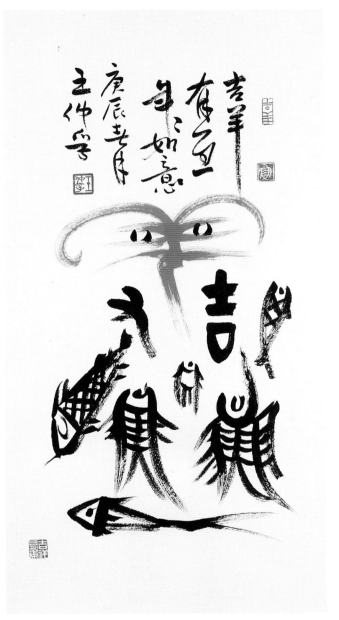

2000-063　　吉祥有魚　　49×25cm

2000-064　　吉祥有魚　　49×25cm

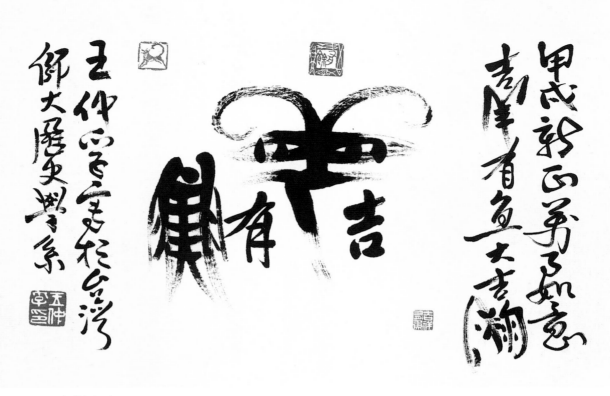

1994-065　　　吉祥有魚　　　33×49cm

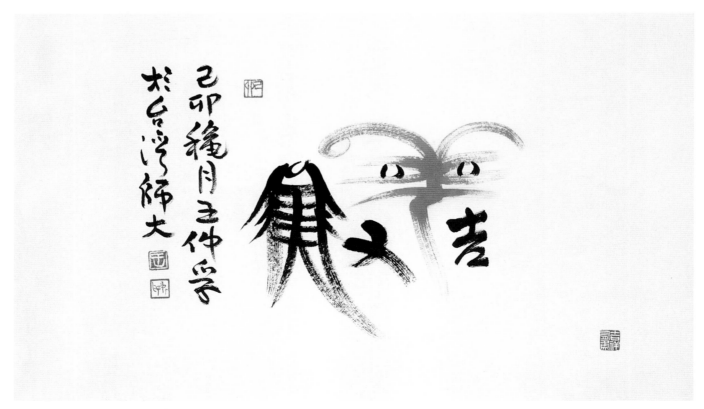

1999-066　　　吉祥有魚　　　32×47cm

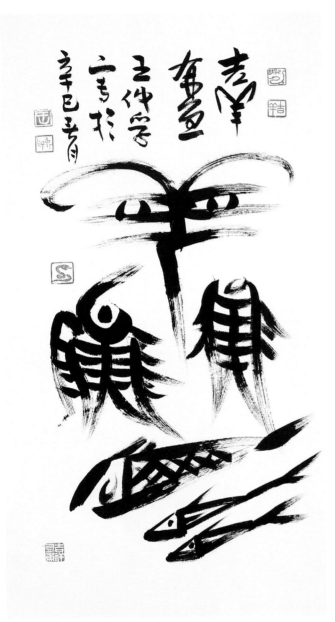

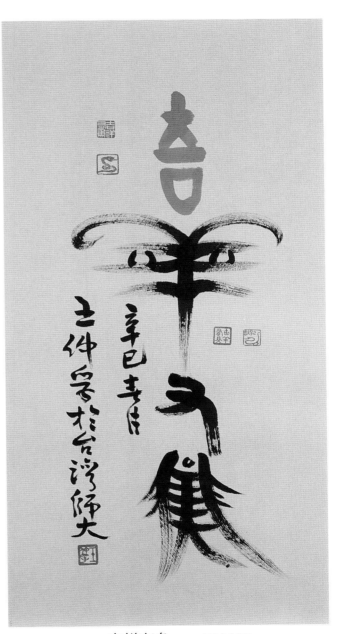

2001-067　　吉祥有魚　　50×26cm　　　　2001-068　　吉祥有魚　　52×27cm

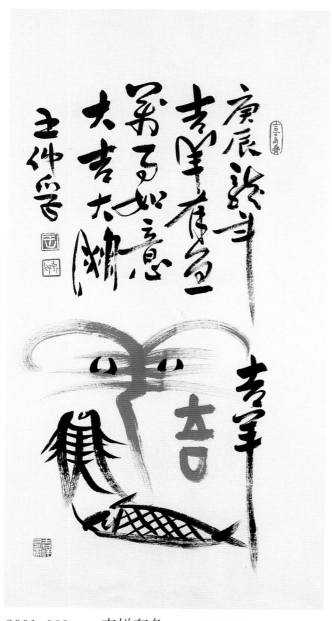

2001-069　　吉祥有魚　　50×26cm

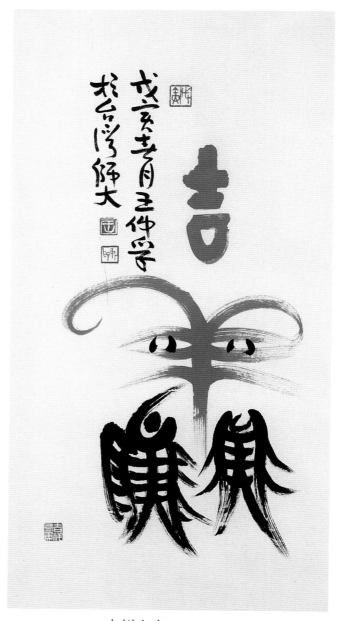

1998-070　　吉祥有魚　　49×25cm

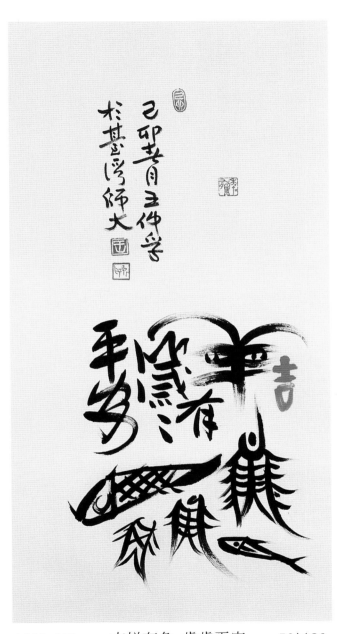

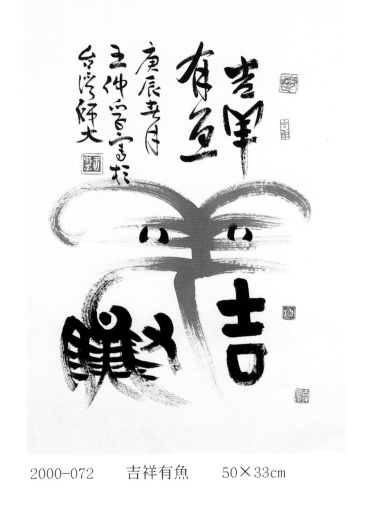

2000-072　　　吉祥有魚　　　50×33cm

1999-071　　　吉祥有魚 歲歲平安　　　50×26cm

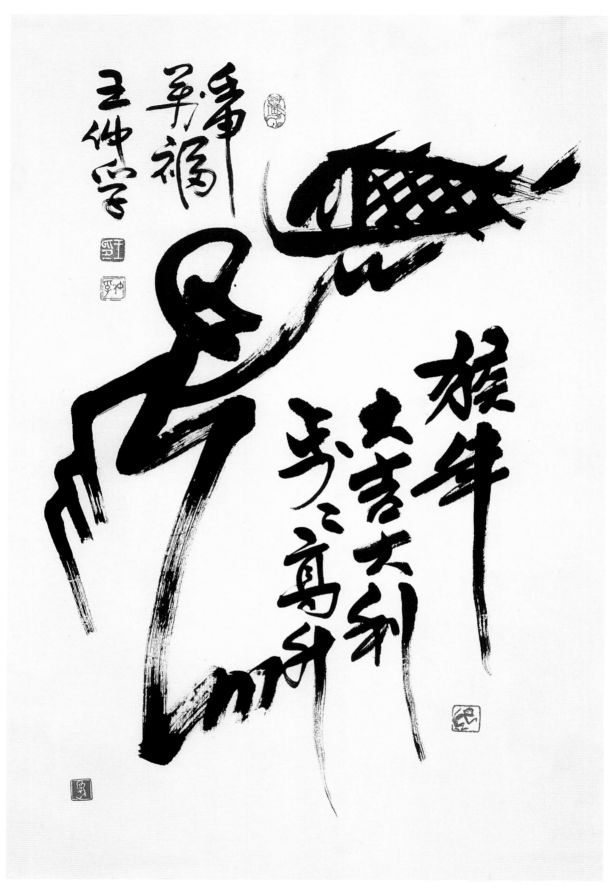

1992-073　　大吉大利 步步高昇　　49×32cm

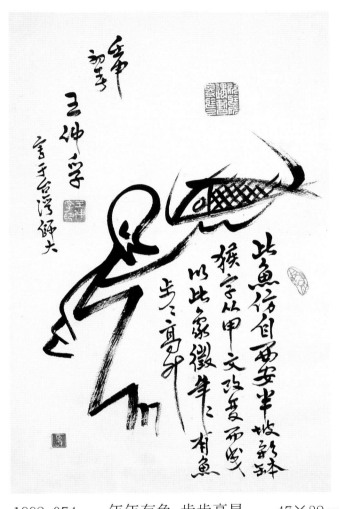

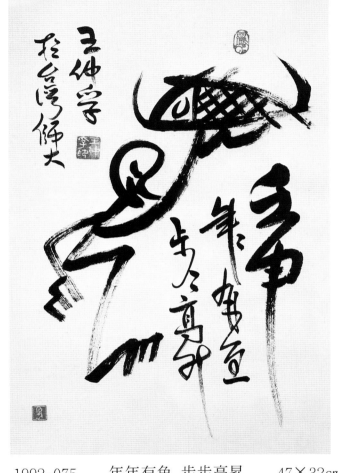

| 1992-074 | 年年有魚 步步高昇 | 47×32cm |
| 1992-075 | 年年有魚 步步高昇 | 47×32cm |

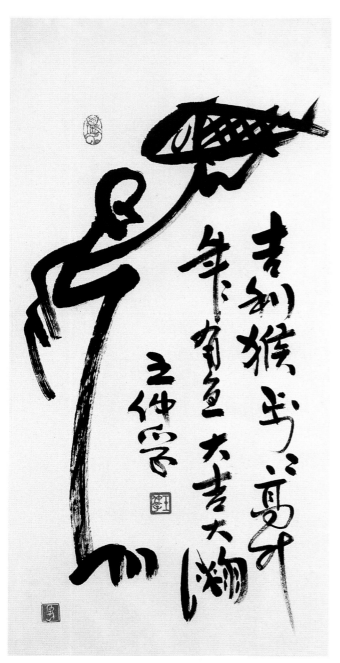

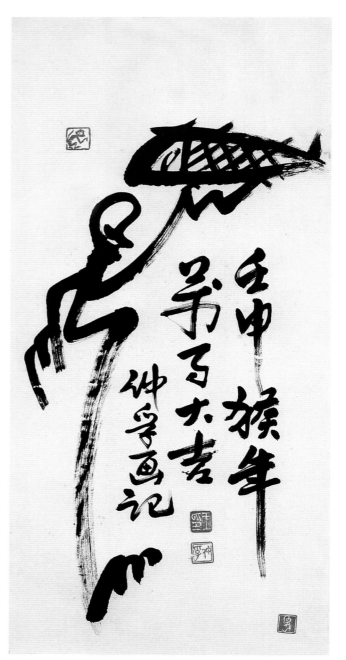

1992-076　　吉利猴 步步高昇　　50×24cm　　1992-077　　萬事大吉　　50×25cm

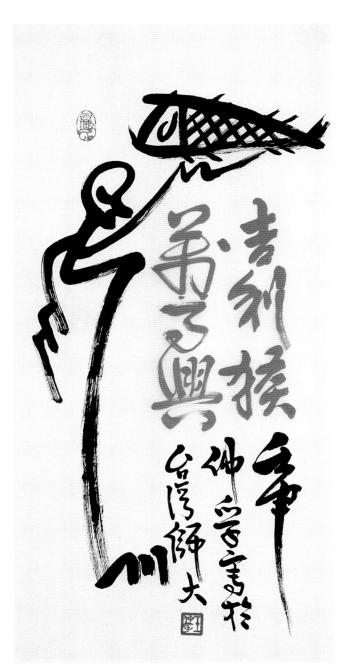

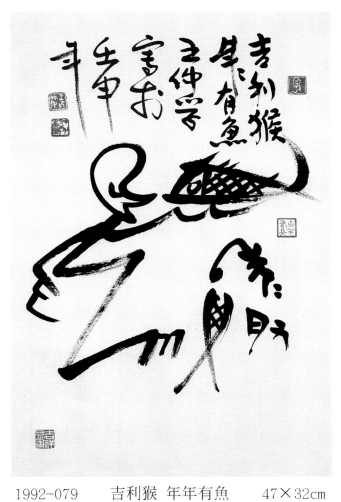

1992-079　　吉利猴 年年有魚　　47×32㎝

1992-078　　吉利猴 萬事興　　49×24㎝

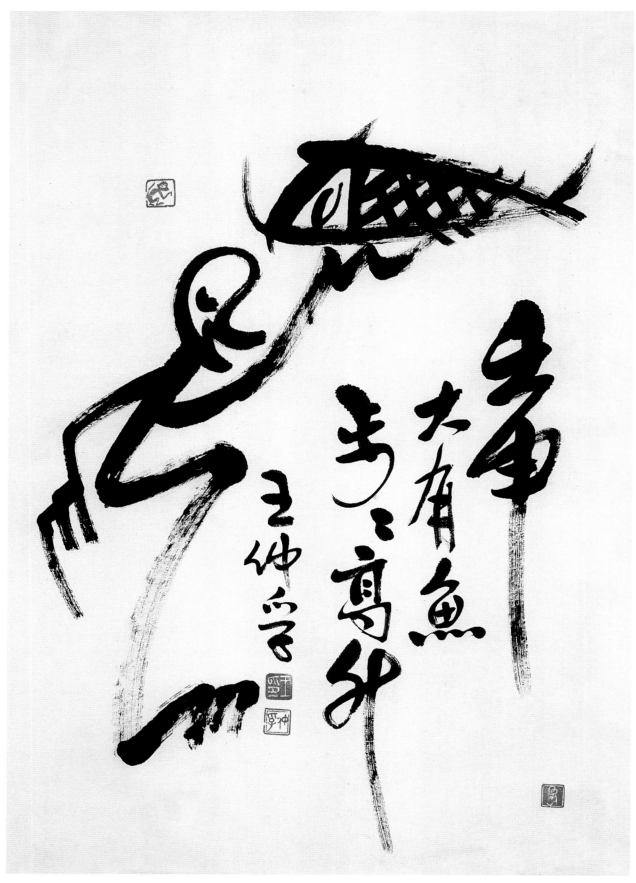

1992-080　　大有魚 步步高昇　　50×34㎝

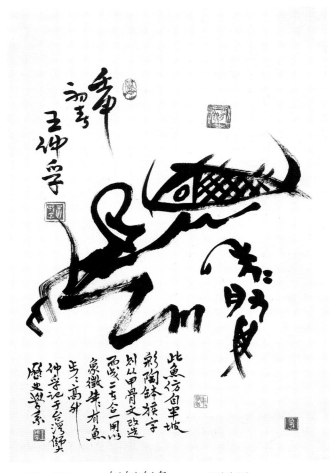

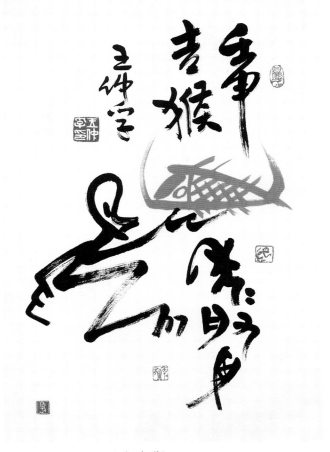

1992-081　　　年年有魚　　　48×33cm

1992-082　　　壬申吉猴　　　48×31cm

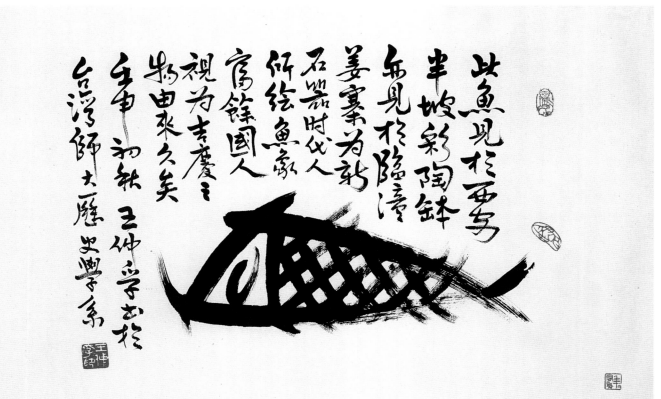

此魚見於要寫
半坡彩陶鉢
魚見於臨淳
姜寨為新
石器時代人
所繪魚家
高等國人
視為吉慶之
物由來久矣
壬申初秋 王仲孚書於
台灣師大歷史學系

1992-083　　魚　　33×51cm

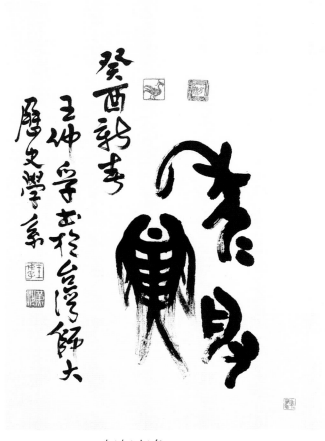

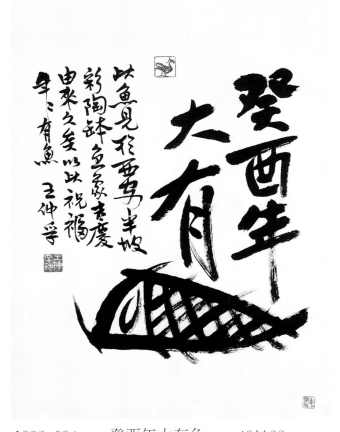

1993-085　　年年有魚　　48×33cm　　　　　1993-084　　癸酉年大有魚　　49×33cm

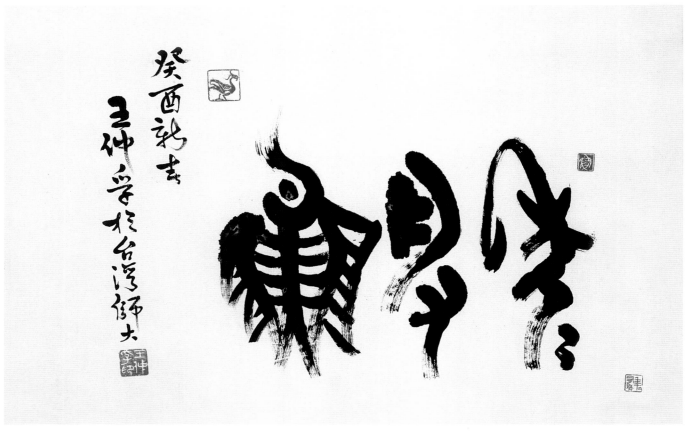

1993-086 　　年年有魚 　　33×47cm

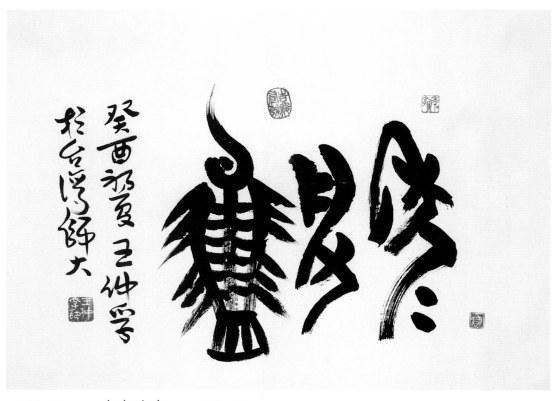

1993-087 　　年年有魚 　　32×43cm

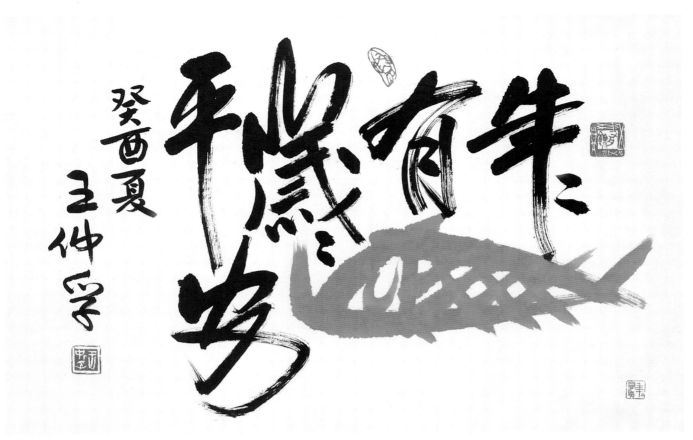

1993-089　　　年年有魚 歳歳平安　　　32×47cm

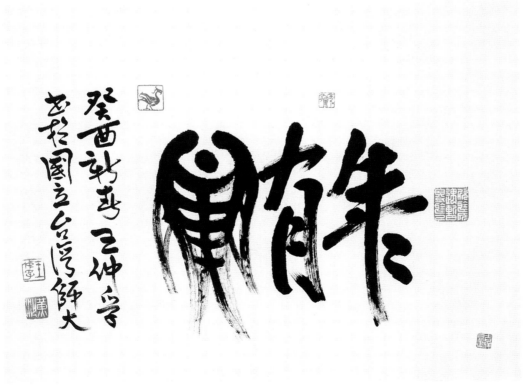

1993-088　　　年年有魚　　　32×47cm

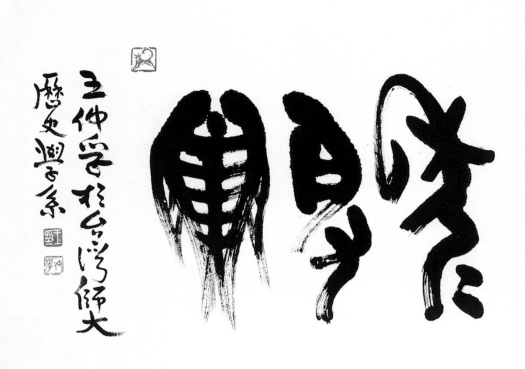

1994-090　　　年年有魚　　　34×51cm

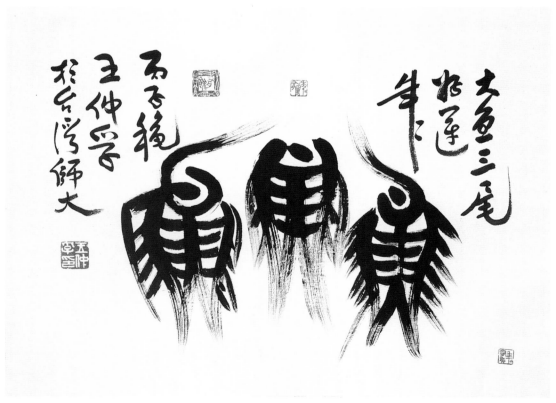

1994-091　　　大魚三尾　好運年年　　　33×45cm

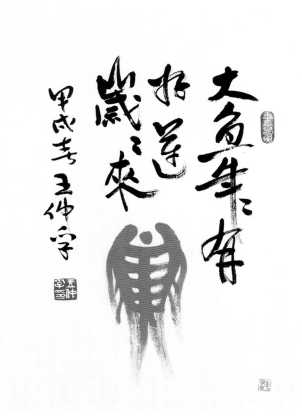

1994-093　　　大魚年年有　好運歲歲來
48×35cm

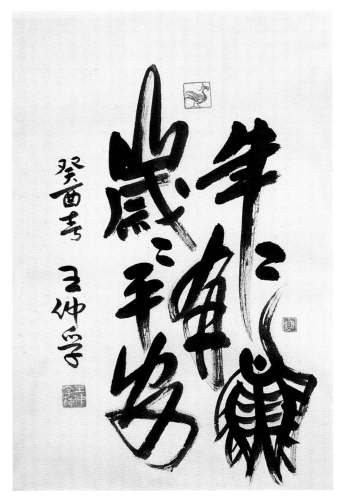

1993-092　　　年年有魚　歲歲平安　　　47×30cm

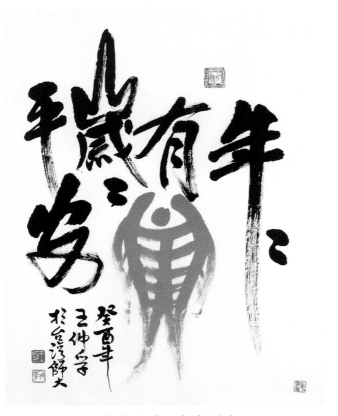

1994-095　　　年年有魚 歲歲平安　　　44×32cm

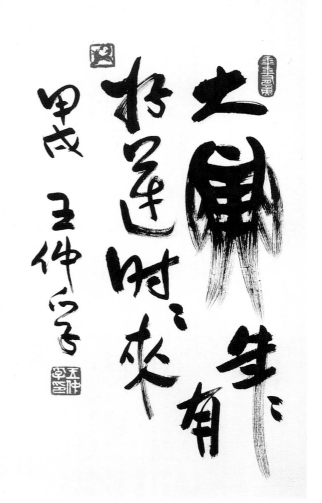

1994-094　　　大魚年年有 好運時時來

50×28cm

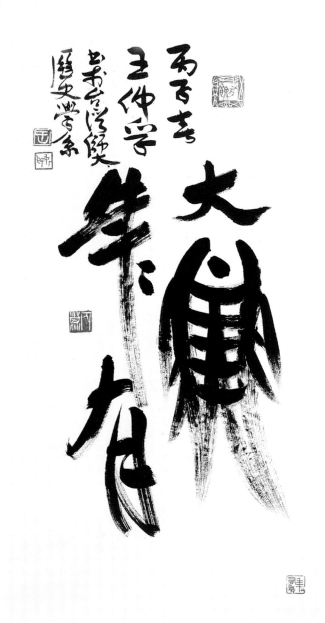

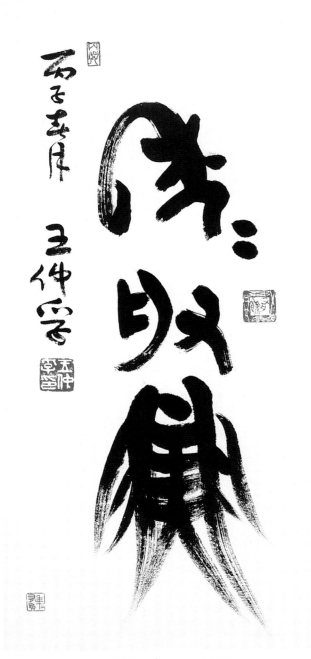

1996-096　　　大魚年年有　　　49×25cm

1996-097　　　年年有魚　　　54×25cm

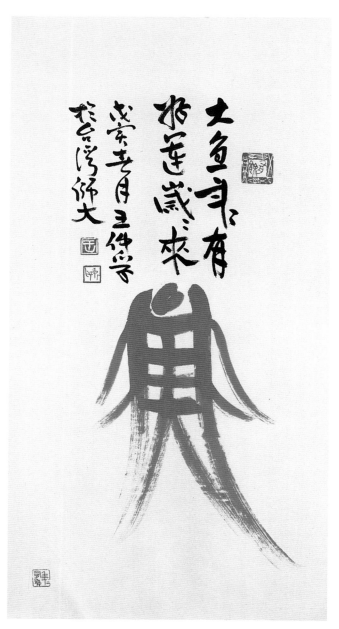

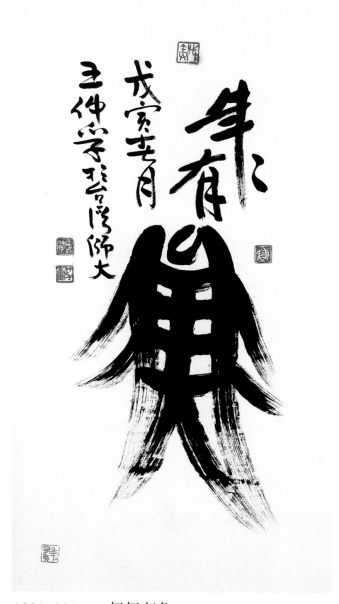

1998-098　　　大魚年年有　好運時時來
　　　　　　　49×25cm

1991-001　　　年年有魚　　　47×32cm

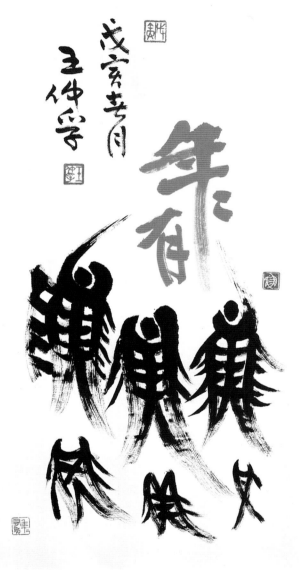

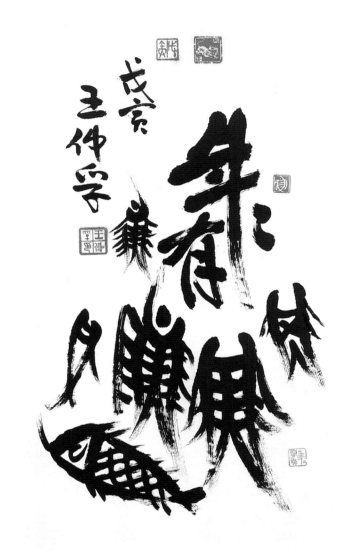

1998-100　　　年年有魚　　　49×25cm　　　　　1998-101　　　年年有魚　　　49×25cm

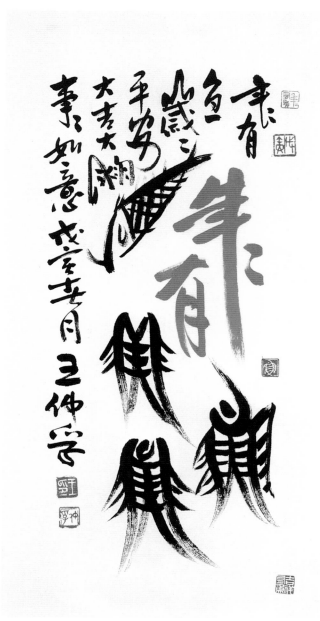

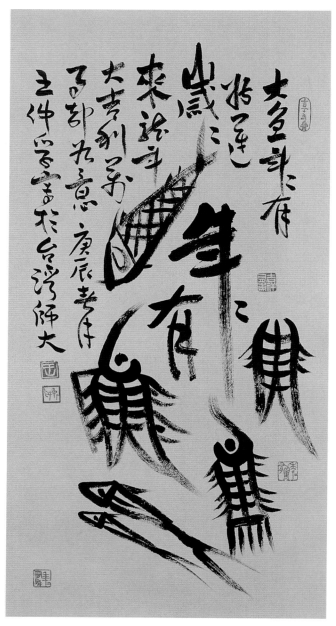

1998-102　　　年年有魚　　　49×25cm

2000-103　　　年年有魚　　　50×26cm

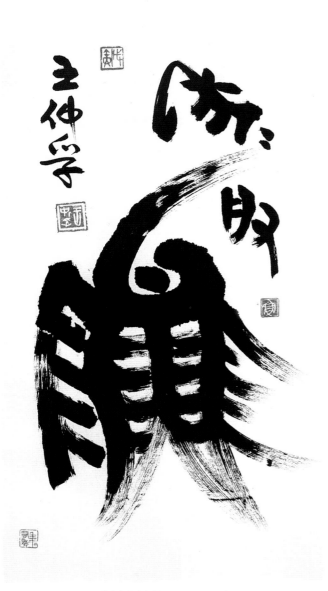

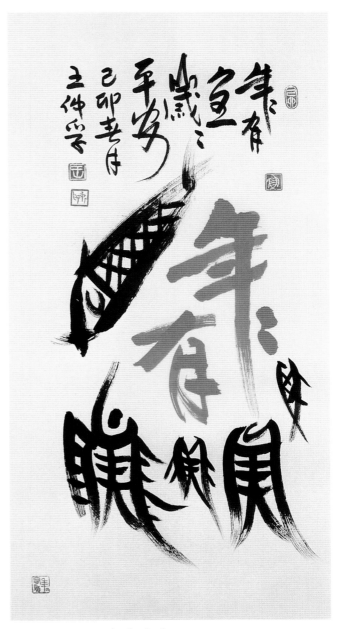

1998-104　　　年年有魚　　　52×27cm　　　　　　　1999-105　　　年年有魚　　　54×28cm

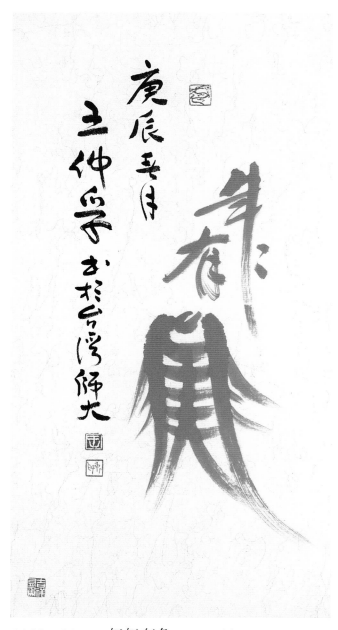

2000-106　　年年有魚　　53×28cm

1998-107　　年年有魚　　53×27cm

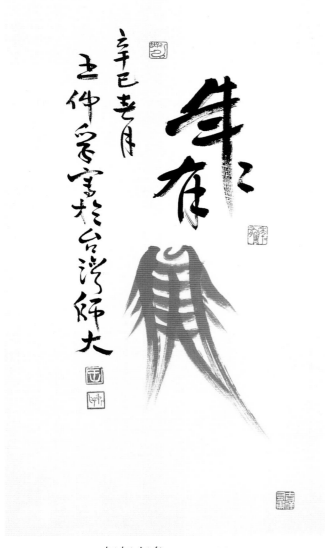

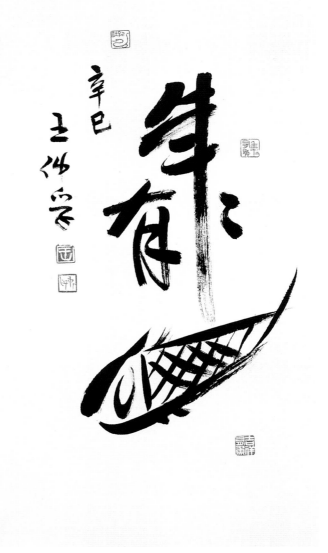

2001-109　　年年有魚　　52×27cm　　2001-108　　年年有魚　　52×27cm

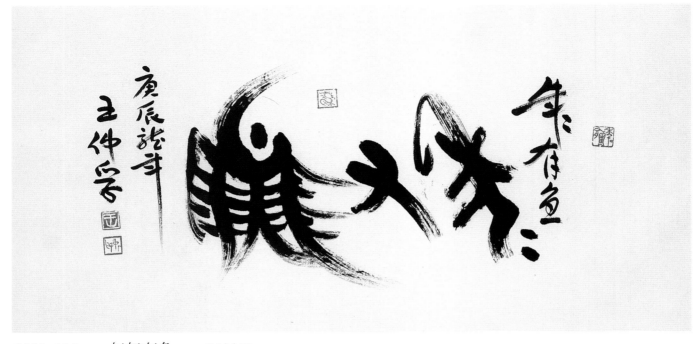

2000－110　　　年年有魚　　　26×51cm

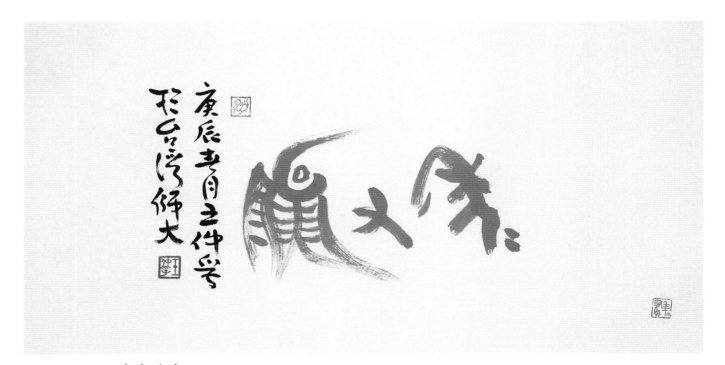

2000－109　　　年年有魚　　　26×50cm

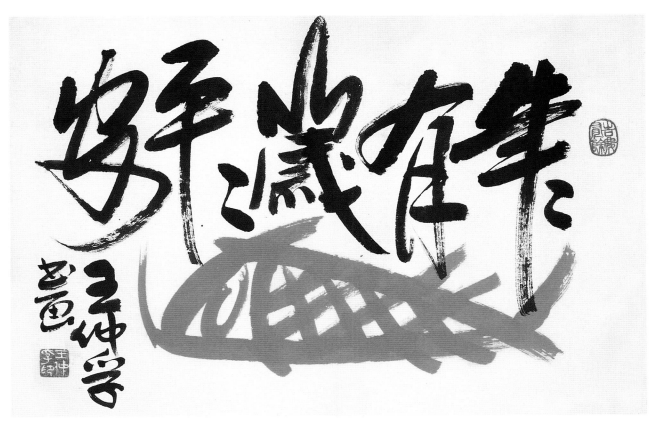

55111　　　年年有魚 歲歲平安　　　32×48㎝

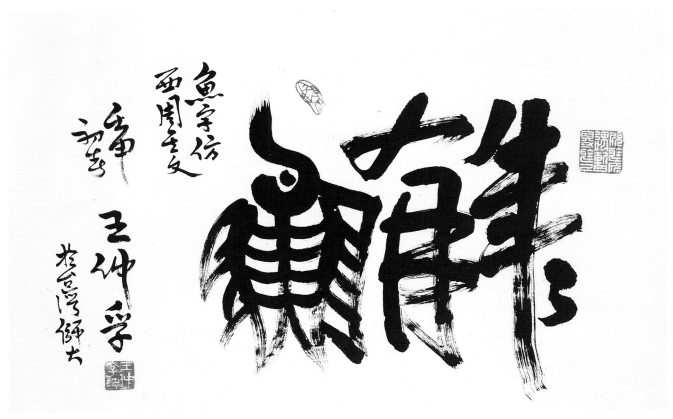

1992-112　　　年年有魚　　　31×49㎝

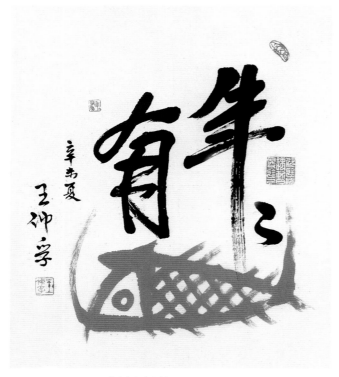

1991-114　　　年年有魚　　　39×32cm

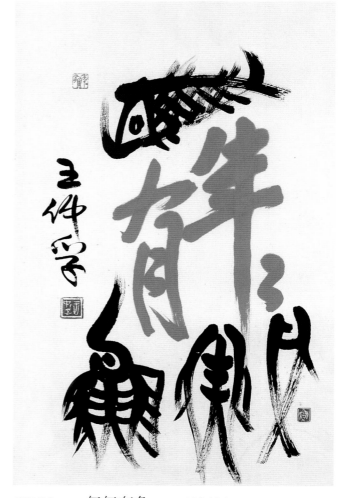

55113　　　年年有魚　　　49×31cm

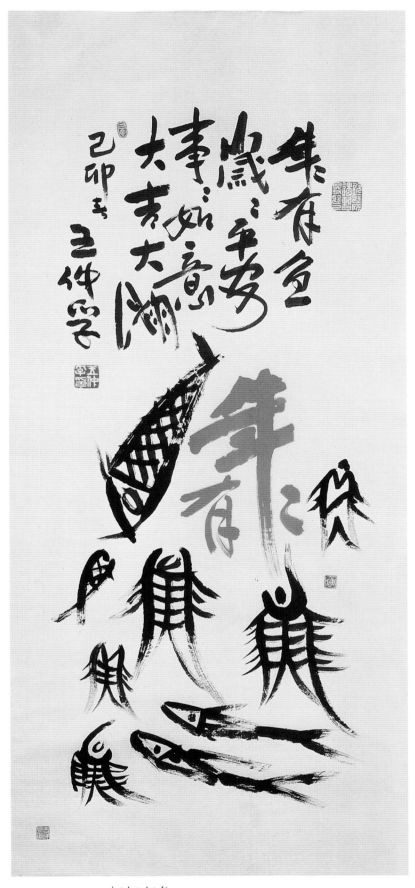

1998-115　　　年年有魚　　　50×24cm

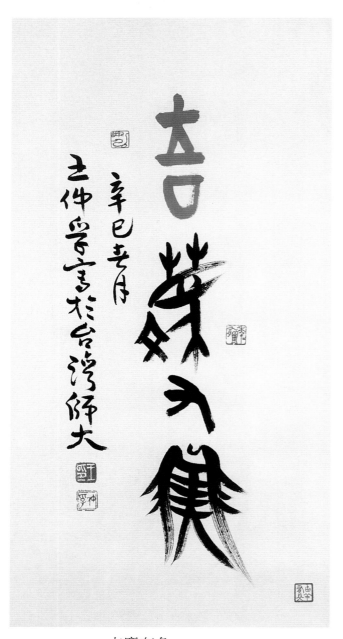

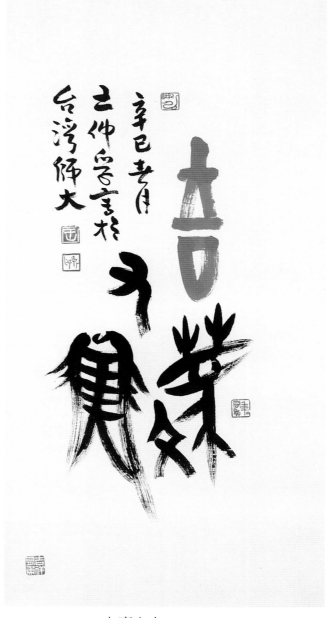

2001-116 　　吉慶有魚 　　51×26cm　　　　2001-117 　　吉慶有魚 　　51×26cm

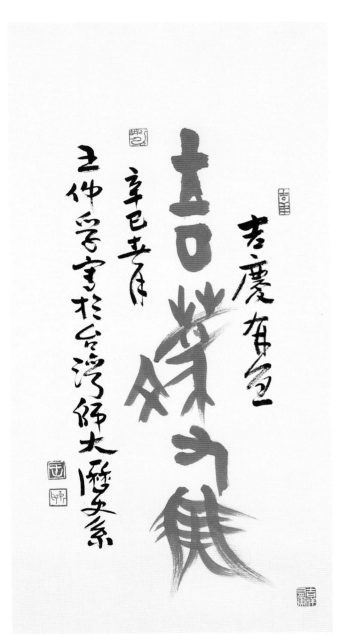

2001-118　　　吉慶有魚　　　51×26cm

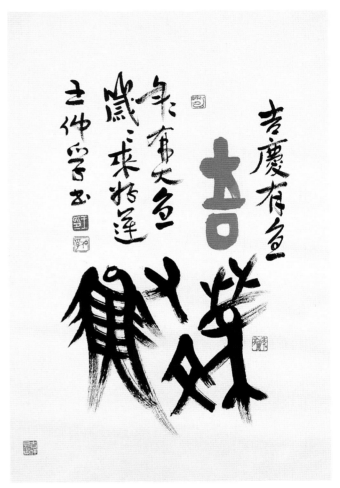

2001-119　　　吉慶有魚　　　52×34cm

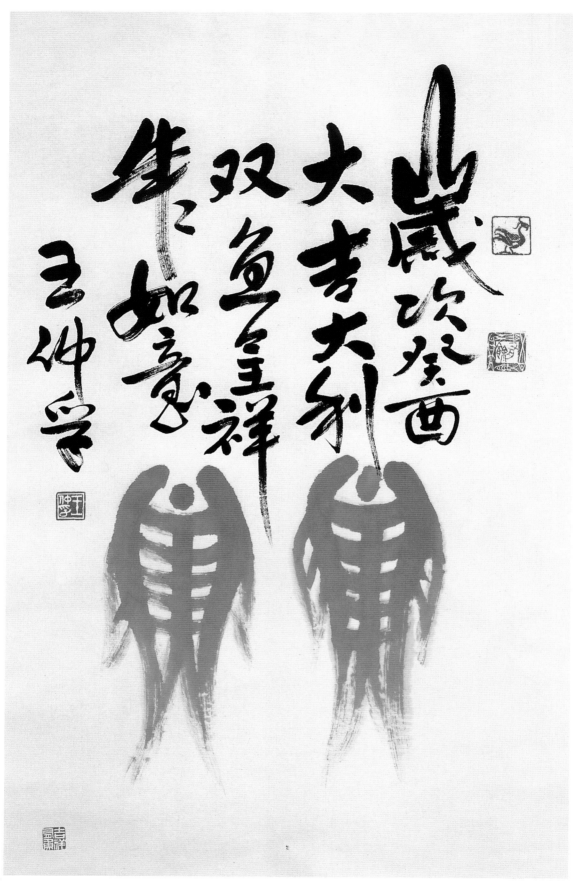

1993-120　　　雙魚呈祥　　　49×32cm

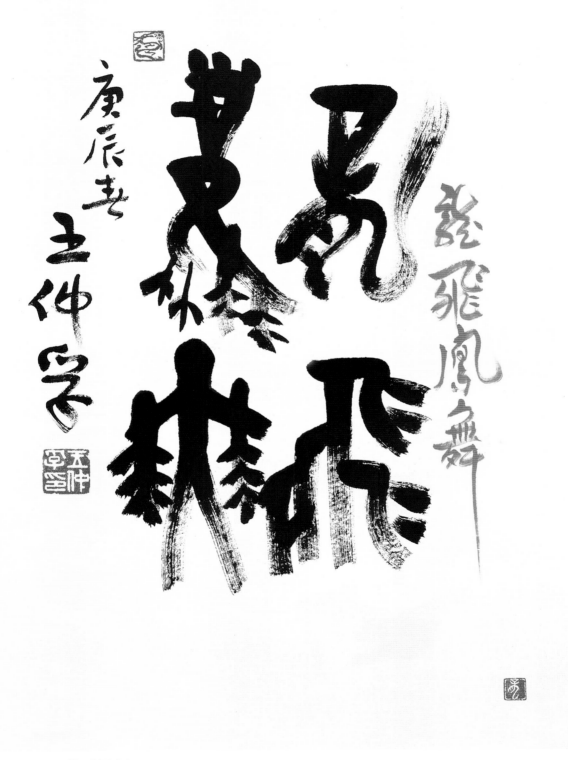

2000-121 龍飛鳳舞 49×33cm

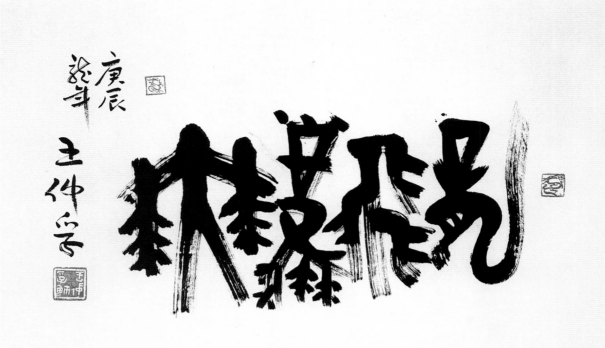

2000-122　　龍飛鳳舞　　32×49cm

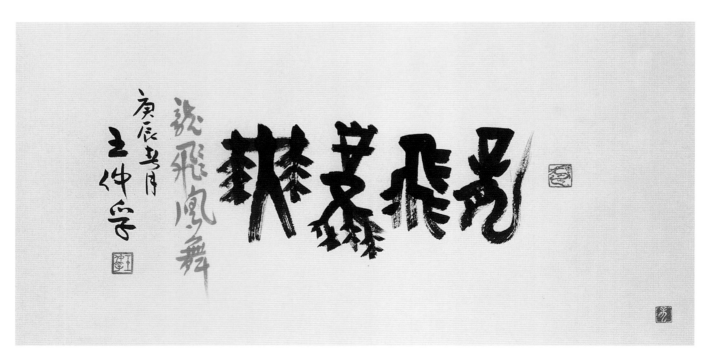

2000-123　　龍飛鳳舞　　25×49cm

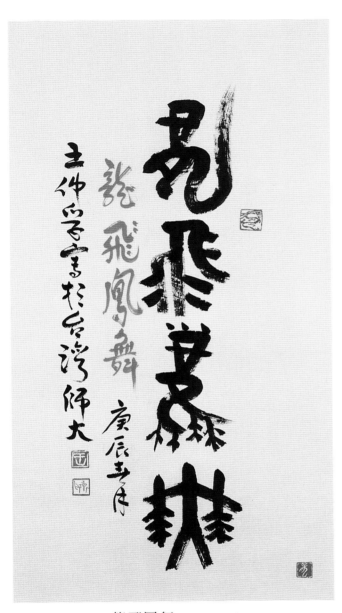

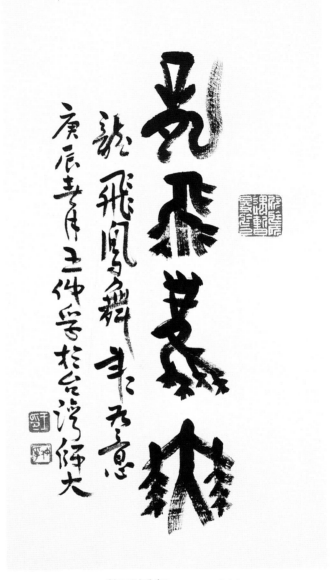

2000-124　　　龍飛鳳舞　　　52×27cm

2000-125　　　龍飛鳳舞　　　47×25cm

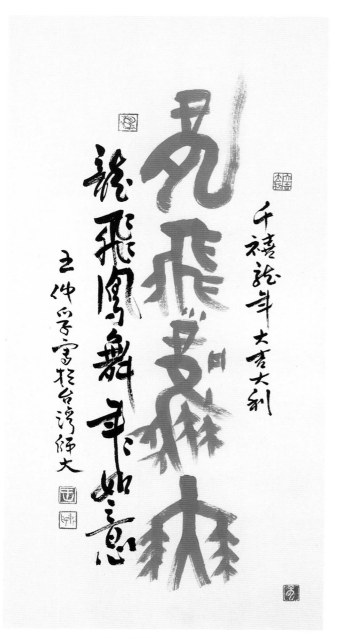

2000-126　　龍飛鳳舞　　52×27㎝

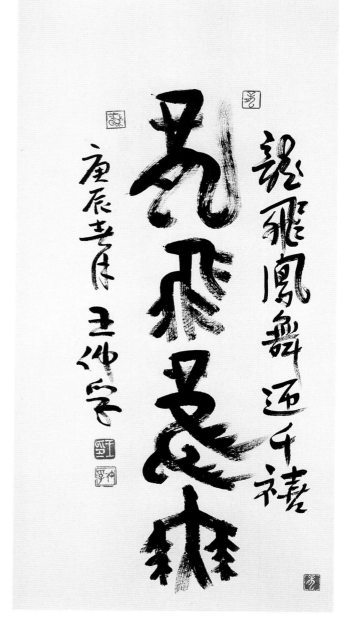

2000-127　　龍飛鳳舞　　50×25㎝

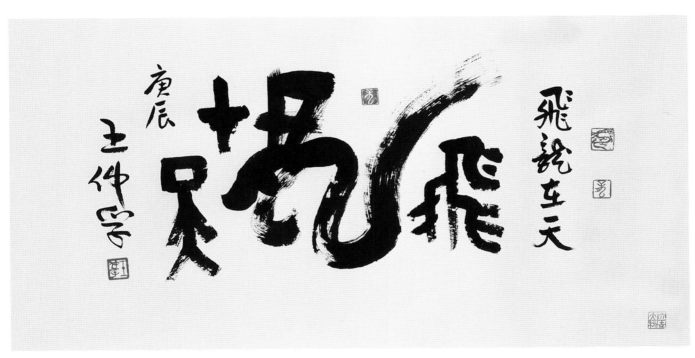

2000-128　　飛龍在天　　27×52cm

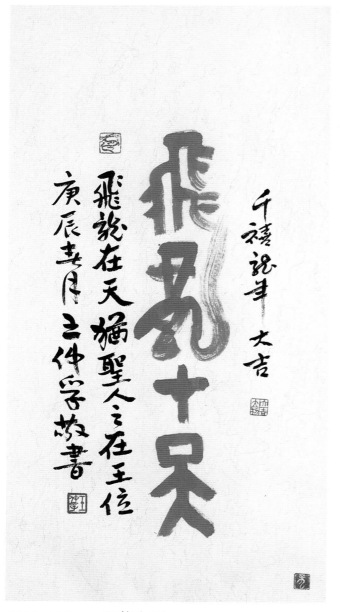

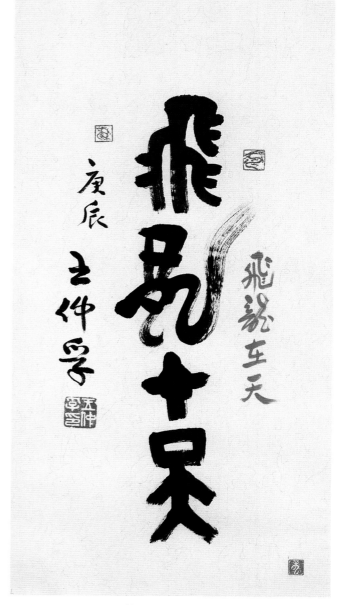

2000-129　　　飛龍在天　　　51×27cm

2000-130　　　飛龍在天　　　52×26cm

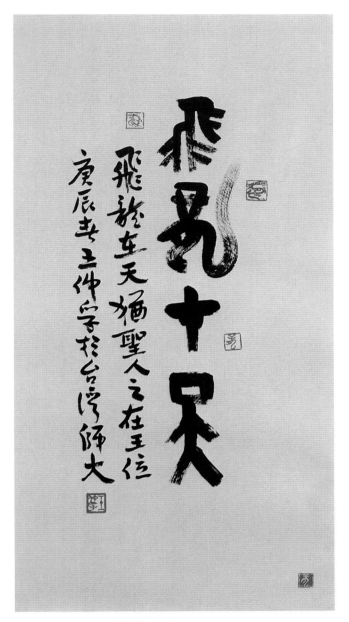

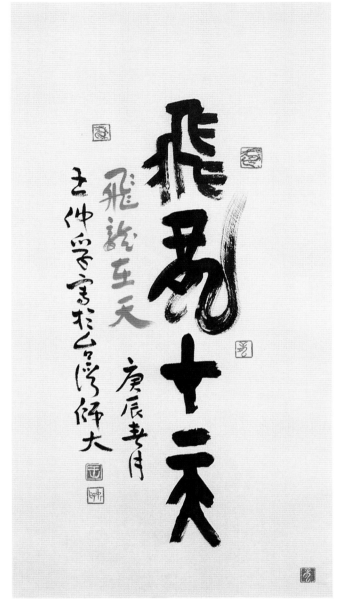

2000-131　　　飛龍在天　　　52×27cm

2000-132　　　飛龍在天　　　52×27cm

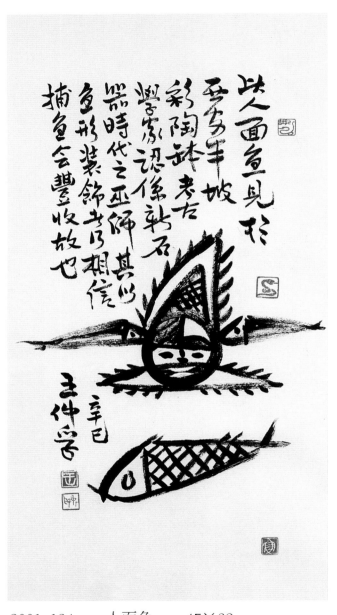

この人面魚見於
西安半坡
彩陶缽者右
學家認係新石
器時代之巫師其以
魚形裝飾者乃相信
捕魚會豐收故也
　　　　辛巳
　王仲學

2001-134　　人面魚　　47×32cm

浙江河姆渡新石器時代遺址
出土陶缽上刻有豬紋
略如下圖　曁耳長嘴
大眼腹稍下垂鬃尾毛
信係誠史前藝術之瑰寶也
乙亥繩主仲學畫記

1995-133　　豬　　49×25cm

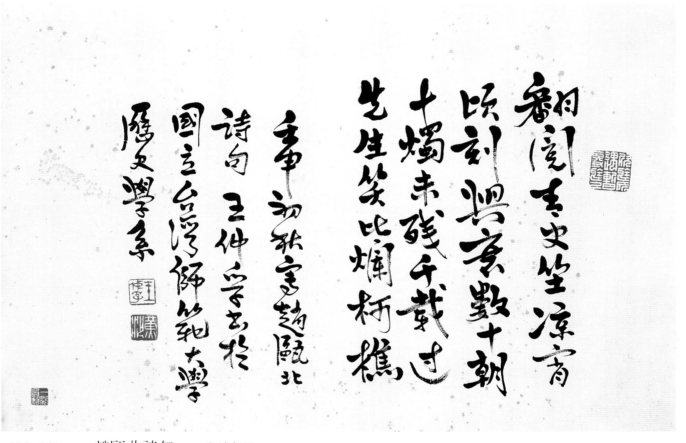

翻閱青史坐涼宵

頃刻興亡數十朝

十燭未殘千載過

先生笑此爛柯樵

辛卯秋定趙甌北

詩句　王仲義書於

國立臺灣師範大學

歷史學系

1992-135　　趙甌北詩句　　34×51cm

91

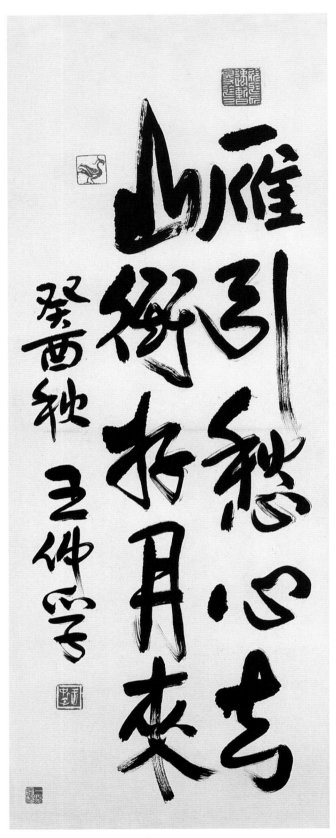

1993-137　　　李白詩句　　　51×19cm

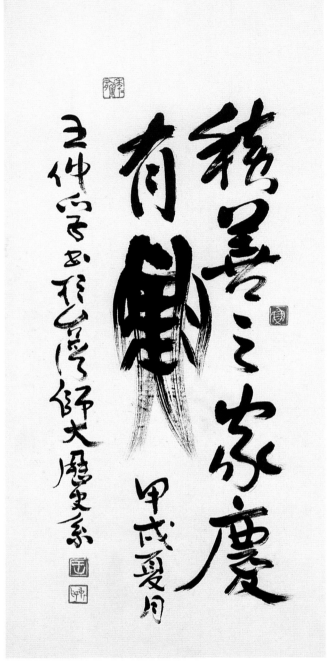

1995-136　　　積善之家 慶有魚　　　54×26cm

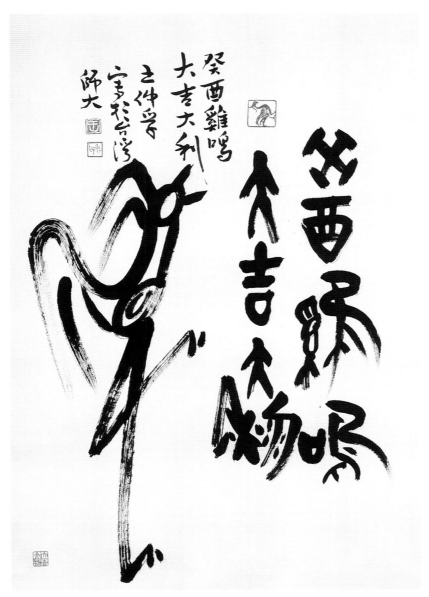

1993-138　　　癸酉雞鳴　大吉大利　　　47×32cm

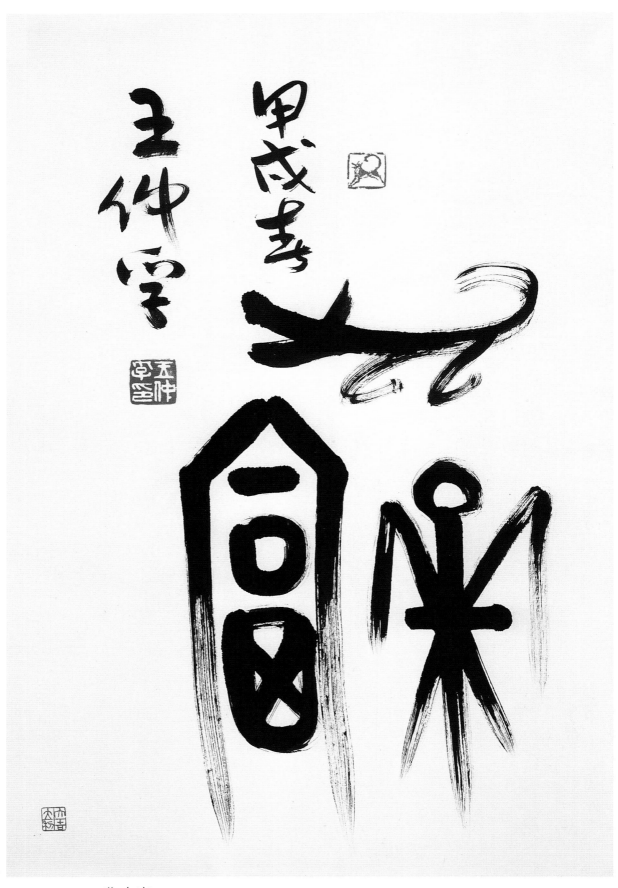

1994-139　　狗來富　　50×34cm

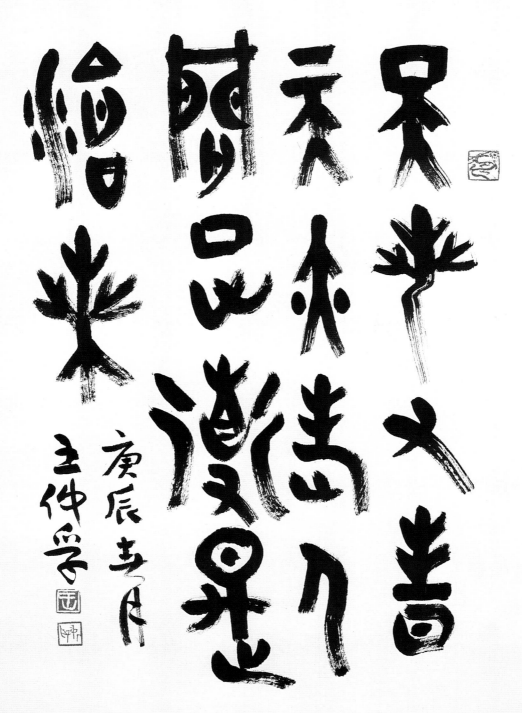

2000-140　　天若有情天亦老，人間正道是滄桑　　47×32cm

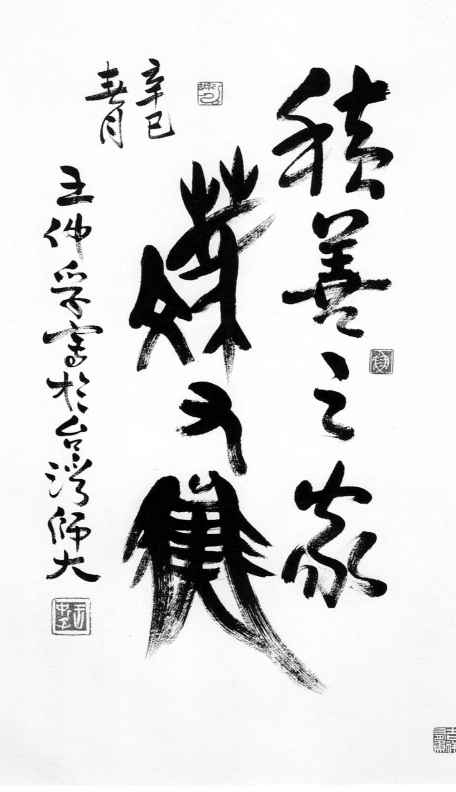

2001-141　　積善之家　慶有魚　　50×32㎝

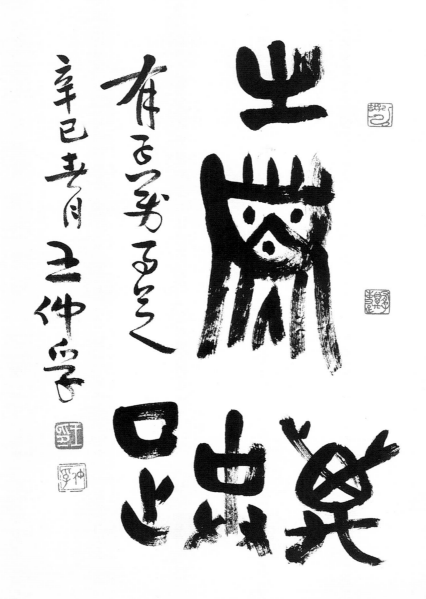

2001-142　　　有子萬事足　　　50×32cm

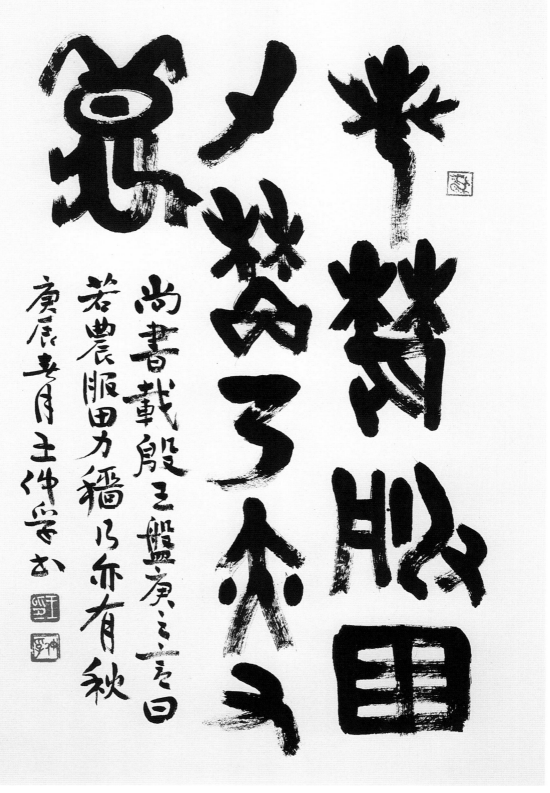

2000-143　　　若農服田力穡乃亦有秋《尙書・盤庚篇》　　　50×34㎝

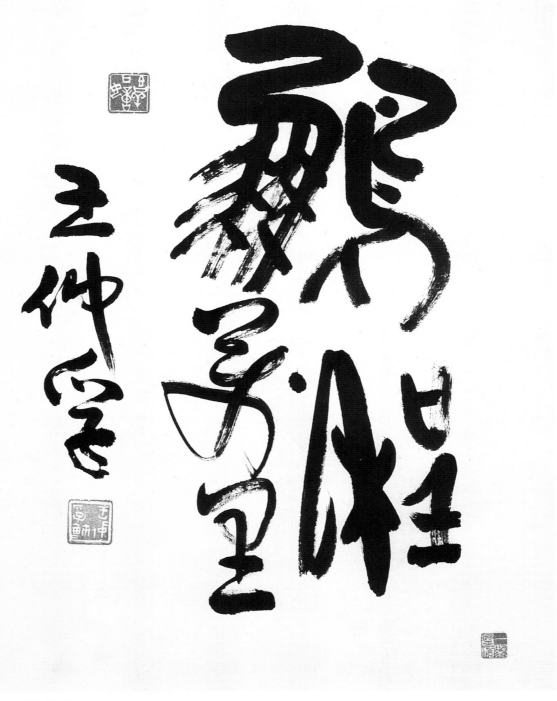

55-144　　鵬程萬里　　46×31㎝

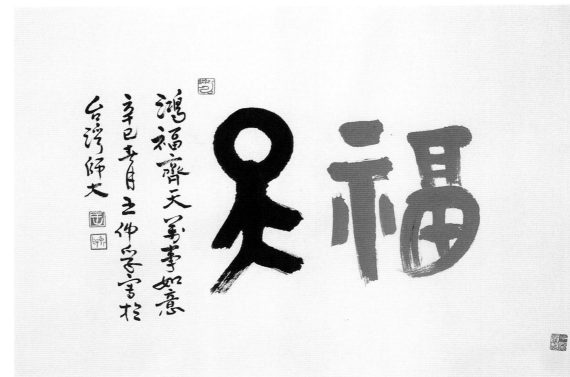

2001-146　　　福天　　　31×47cm

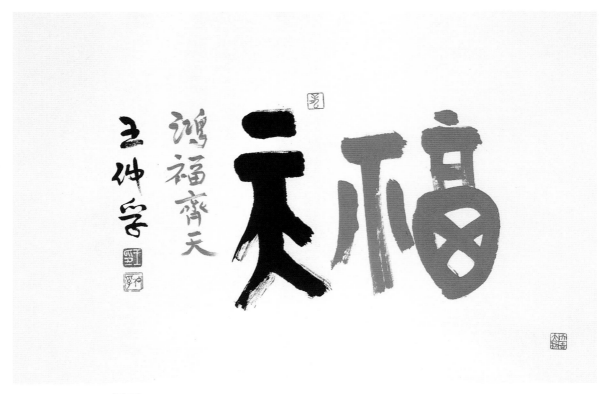

2001-145　　　福天　　　31×47cm

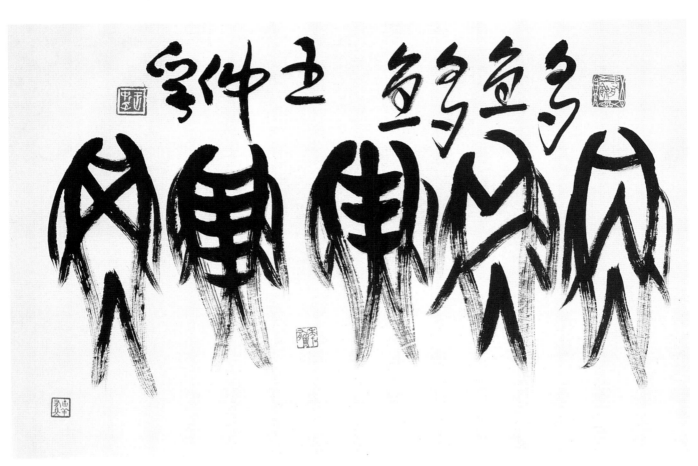

55-147　　　多魚多魚　　　31×47cm

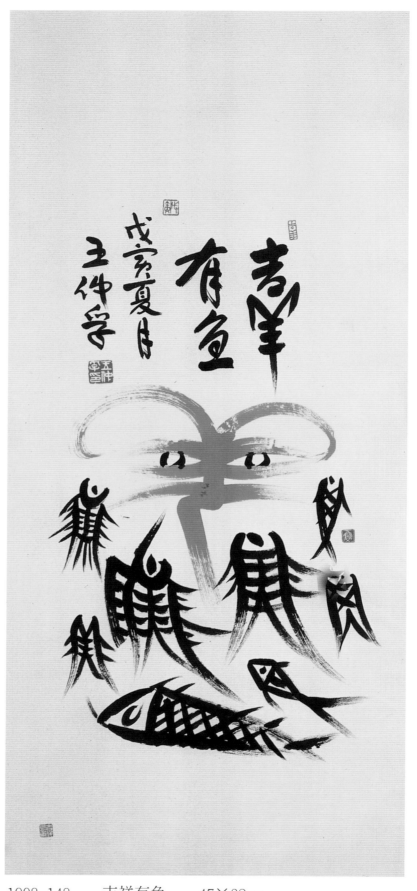

1998-148　　　吉祥有魚　　　47×32cm

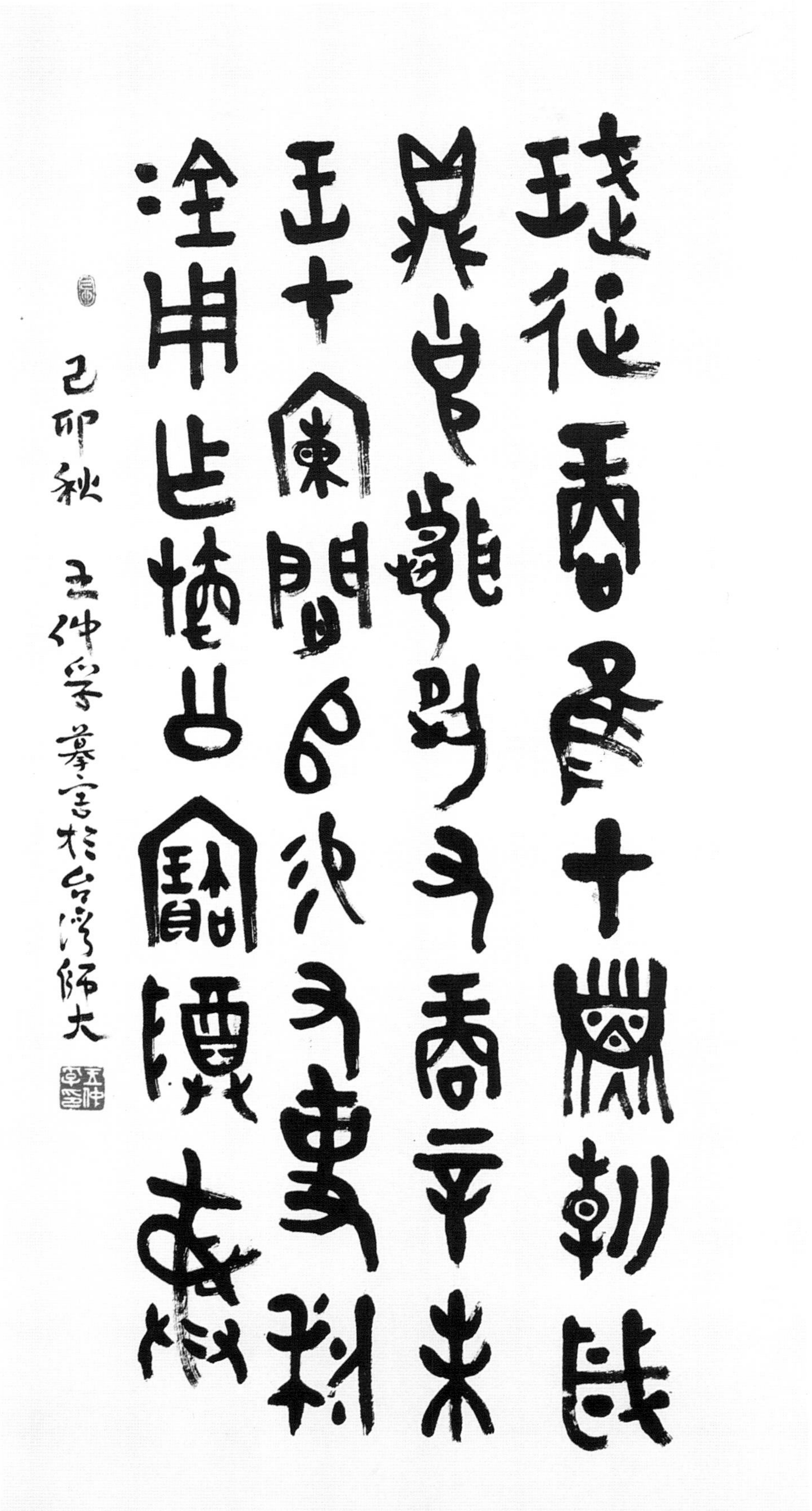

利簋釋文（四行三十二字）

珷征商隹甲子朝戉

鼎克聞夙有商辛未

王在闌師錫有事（司）利

金用乍旜（檀）公寶障彝

1999-149　　利簋銘文　　47×32cm

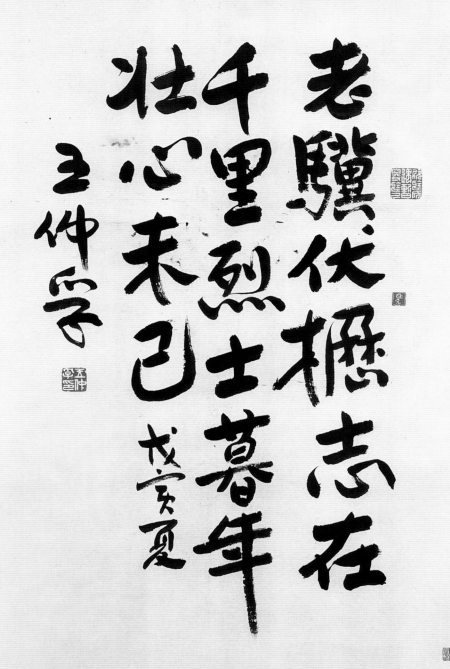

1995-150　　老驥伏櫪　　49×35cm

王仲孚收藏名家所刻印鑑

　　近數十年來，承蒙各位名家好友贈送印章甚多，計有姓名章、藏書章、紀年章、閑章等，皆造詣深湛，使我視如珍寶，因爲這些印章的一刀一筆都含有珍貴的友誼，也使本書冊各幅字畫增加無限光彩，茲不敢掠美，謹將著者大名及所刻印章簡介於後。

（一）李源先生，台灣業餘篆刻家

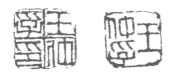

（二）張作彧先生，台灣業餘篆刻家

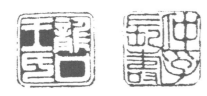

（三）金士爲先生，韓籍業餘篆刻家

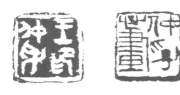

（四）呂品先生，北京專業篆刻家

 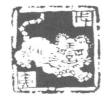

（五）李元慶先生，台灣專業書法、國畫篆刻名家

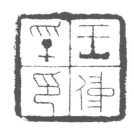

（六）程之珏先生，台灣業餘書法篆刻家

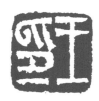 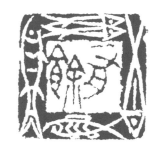 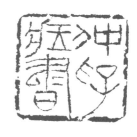 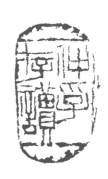

（七）羅德星先生，台灣業餘篆刻家

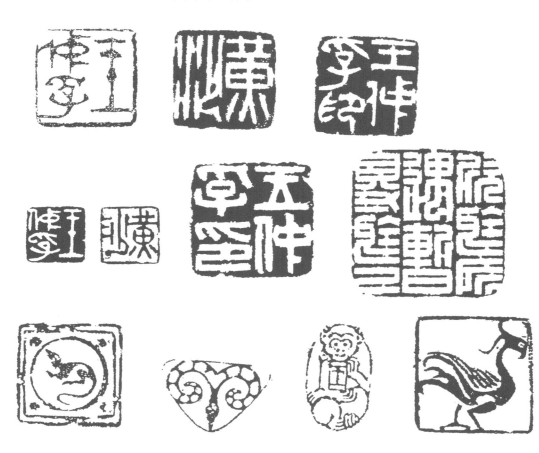

（八）魏杰先生，陝西西安專業篆刻名家

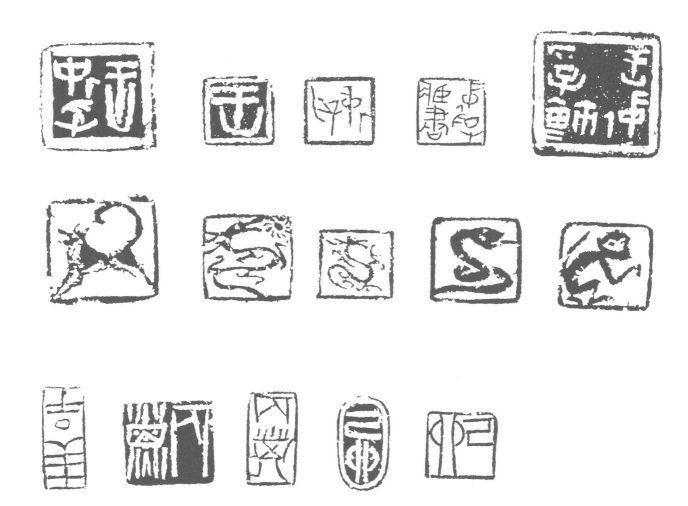

（九）吳信政先生，台灣師大地理系教授，業餘篆刻家

107

（十）張懋鎔先生，陝西西安西北大學教授、古文字學家、業餘篆刻家

   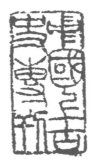 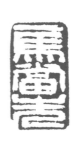 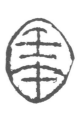

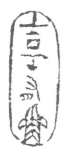   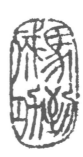 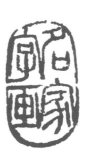

國家圖書館出版品預行編目資料

王仲孚書法文字畫畫冊 / 王仲孚著. — 臺北市
：蘭臺， 2002〔民91〕
面： 公分

ISBN 957-9154-81-3(平裝)

1. 書畫 – 作品集

941.5 　　　　　　　　　91010573

王仲孚書法文字畫畫冊

作　　　者：王仲孚
主　　　編：黃翠涵・郝冠儒
封面設計：王仲孚・黃翠涵
地　　　址：台北市文山區三福街26-2號2F
電話/傳眞：(02)2930-1098
出版　者：蘭臺出版社
發行　人：盧瑞琴
地　　　址：台北市中正區懷寧街74號4F
電　　　話：(02)2331-0535・傳　　　眞：(02)2382-6225
劃撥帳號：18995335
網　　　址：www.5w.com.tw
E-Mail：lt5w.lu@msa.hinet.net
作品攝影：劉韓畿
總經　銷：成信文化事業股份有限公司
港澳經銷：文星圖書公司
地　　　址：香港九龍新埔崗大有街34號
美術設計：千畿美術ChangeART
地　　　址：台北市萬華區莒光路196號
印　　　刷：興海印刷有限公司
電　　　話：(02)2273-3643　(02)2273-1269・傳　　　眞：(02)2273-6571
地　　　址：台北縣土城市永豐路201號
出版日期：2002年8月
定　　　價：900元整
ISBN 957-9154-81-3(平裝)